Peregrinos da eternidade
A busca incansável de Deus pela salvação da humanidade

A.W. TOZER

©2019 Este livro foi publicado primeiramente nos EUA por Moody Publishers, 820 N. LaSalle Blvd., Chicago, IL 60610 com o título *God's Pursuit of Man*, copyright ©1966, edição revisada 1997 por The Moody Bible Intitute of Chicago. Tradução permitida. Todos os direitos reservados.

1ª edição: junho de 2021
2ª reimpressão: janeiro de 2025

Tradução: José Fernando Cristófalo
Revisão: Luiz Werneck Maia (copidesque) e Francine Torres (provas)
Diagramação: Sonia Peticov
Capa: Douglas Lucas
Editor: Aldo Menezes
Coordenador de produção: Mauro Terrengui
Impressão e acabamento: Imprensa da Fé

As opiniões, as interpretações e os conceitos desta obra são de responsabilidade de quem a escreveu e não refletem necessariamente o ponto de vista da Hagnos.

Todos os direitos desta edição reservados à

EDITORA HAGNOS LTDA.
Rua Geraldo Flausino Gomes, 42, conj. 41
CEP 04575-060 — São Paulo, SP
Tel.: (11) 5990-3308

E-mail: editorial@hagnos.com.br | Home page: www.hagnos.com.br

Editora associada à Associação Brasileira de Direitos Reprográficos (ABDR)

Dados Internacionais de Catalogação na Publicação (CIP)

Tozer, Aiden Wilson, 1897-1963.

    Peregrinos da eternidade: a busca incansável de Deus pela salvação da humanidade / Aiden Wilson Tozer; tradução de José Fernando Cristófalo. — São Paulo: Hagnos, 2021.
    128 p.

    ISBN 978-65-86048-88-9

    Título original: God's Pursuit of Man.

    1. Deus — Salvação I. Título II. Cristófalo, José Fernando

21-1895
                                            CDD 296.3114

Índices para catálogo sistemático:
1. Deus — Salvação
Angélica Ilacqua CRB-8/7057

ESTA PEQUENA OBRA É OFERECIDA, em humilde dedicação, a todos os peregrinos da eternidade, cuja desconfiança com a Terra os têm constrangido a buscar em Deus uma possessão mais duradoura.

Sumário

Introdução 7

Prefácio 9

1. O *continnum* eterno 15
2. Em palavra ou em poder 27
3. O mistério do chamado 40
4. Vitória pela derrota 50
5. O Esquecido 61
6. A iluminação do Espírito 73
7. O Espírito como poder 83
8. O Espírito Santo como fogo 92
9. Por que o mundo não pode receber o Espírito da verdade 108
10. A vida cheia do Espírito 119

Introdução

ESTE LIVRO CONTÉM MEDICAMENTO FORTE, amargo ao paladar, mas potente se tomado em contrição e em fé. Para uma geração satisfeita em sua própria presunção, exaurida emocionalmente pela verborragia vazia e ilusória de alguns bem-intencionados, porém equivocados, líderes, fluentemente familiarizados com sutis e esmeradas frases teológicas, o remédio pode ser deveras azedo. Apenas os desesperançados se beneficiarão. Que os mortos do Senhor sejam muitos; que os desesperançados se multipliquem. Somente então poderemos experimentar o que alguns de nós conhecemos mecanicamente.

Alguns irão apontar sobre o que discordam. Usarão dos mais variados pretextos como esquiva. E se algo for dito de maneira diferente? E se o pregador defender outra visão da soberania, da santidade, do homem (ele pode estar certo)? Não perca o cerne por estar totalmente absorto no estudo da casca.

O autor é um profeta, um homem de Deus; sua vida e seus sermões atestam esse fato. Aqui ele fala, não, ele prega, não, ele troveja a mensagem divina para aqueles

8 / PEREGRINOS DA ETERNIDADE

de nós mortalmente atingidos pela pobreza, embora nos consideremos ricos e desprovidos de qualquer carência. Não se assuste com os trovões da linguagem nem mesmo tenha receio do ousado e pontiagudo golpe do relâmpago do discurso. Para todos os que ouvirão, para todos os que obedecerão, aqui está a resposta de Deus às nossas necessidades — Ele mesmo.

WILLIAM CULBERTSON (1905-1971)
Ex-presidente do Moody Bible Institute

Prefácio

SUPONHO SER PRATICAMENTE IMPOSSÍVEL a qualquer um, familiarizado com o Antigo Testamento, sentar-se para escrever um livro sem relembrar, com algum desconforto, as palavras do pregador, o filho de Davi, rei em Jerusalém: "Demais, filho meu, atenta: não há limite para fazer livros, e o muito estudar é enfado da carne" (Eclesiastes 12:12).

Creio que posso seguramente concluir que o mundo, por essa contundente declaração, tem sido poupado da provação de um vasto número de livros inúteis que, de outra forma, teriam sido escritos. Por essa razão podemos estar mais profundamente em débito com aquele sábio rei do que imaginamos. Todavia, se a lembrança dos muitos livros já escritos tem cooperado, mesmo que em pequena escala, para coibir a confecção de outros de qualidade inferior, será que também não evitou o aparecimento de alguns livros que, de fato, poderiam trazer uma mensagem autêntica para a humanidade? Sinceramente, acho que não.

O único livro que deveria ser escrito é aquele que flui do coração, forjado pela força interior. Quando tal obra é concebida e desenvolvida no íntimo de um homem é quase certo que será escrita. O homem que está, portanto, imbuído de uma mensagem, não será demovido por qualquer consideração de enfado. Para ele, seu livro será não apenas imprescindível, mas também inevitável.

Essa pequena obra sobre a jornada espiritual não foi "confeccionada" por qualquer sentimento mecânico, mas gerada por uma necessidade interna. Sob o risco de me envolver em duvidosa companhia, devo chamar em meu favor o testemunho de Eliú, filho de Baraquel, o buzita, da família de Rão: "Porque tenho muito que falar, e o meu espírito me constrange" (Jó 32:18). E o seu receio de que, caso não falasse, poderia, como odres novos, "romper-se", é muito bem compreendido por mim. A visão do abatimento da igreja ao meu redor e as operações de um novo poder espiritual em meu íntimo têm exercido uma pressão impossível de resistir. Quer o livro alcance um vasto público, quer não, ainda assim deve ser escrito, mesmo se não houver nenhuma outra razão além de aliviar uma carga insuportável em meu coração.

Juntamente com este sincero relato de sua origem espiritual, permita-me dizer, em adição (e desconsidere a aparente contradição), que não reivindico para o livro originalidade nem qualquer grau de inspiração além do que possa ser desfrutado por qualquer servo de Cristo. A "pressão" a qual me refiro pode vir a ser nada mais do que o aperto e o estresse resultantes do esforço de tentar ser bom em um mundo mau, e de honrar a Deus em meio a uma geração de cristãos que parecem inclinados a dar glória a qualquer um, exceto a Deus.

Quanto à originalidade, já não foi salientado que ninguém, desde Adão, tem sido totalmente original? Ralph

Waldo Emerson (1803-1882) declarou: "Todo homem é uma citação de seus ancestrais". Tudo o que posso esperar é que este livro possa ser uma ênfase correta vindo no tempo oportuno. Se o leitor descobrir aqui algo realmente novo, por consciência, ele deve rejeitá-lo, pois, em religião, tudo o que é novo é, justamente por isso, falso.

Sem sombra de dúvida, o leitor irá detectar nessas páginas vestígios de outros corações além do meu. Sou o primeiro a admitir que a influência de muitas mentes está em toda a obra. Os mestres da vida interior estão aqui (embora imperfeitamente representados), os piedosos professores aos pés dos quais assentei-me longa e amorosamente e de cujas fontes extraí água com reverência e gratidão. Elevo meus olhos a Deus em agradecimento pelos homens que me ensinaram a desejar o melhor caminho: Nicholas Herman, conhecido como Irmão Lawrence da Ressurreição, Nicolau de Cusa, bem como Mestre Eckhart, Fénelon e Faber. Menciono estes porque foram os que mais me ajudaram, porém há muitos outros também. Entre eles está o velho e singular "John Smith, M.A.", cujo nome o torna quase anônimo. Nada sei sobre ele, exceto que seu estilo é como o de Francis Bacon e seu espírito, como o espírito do Quarto Evangelho. Sei também que, certa feita, ele refletidamente publicou alguns de seus sermões, um dos quais, em um momento auspicioso, gentilmente foi passado às minhas mãos por um missionário veterano.

Não tenho a menor pretensão de uma erudição aprofundada. Não sou autoridade em nenhuma área do ensino humano, e jamais tentei ser. Busco meu auxílio onde o encontro e ponho o meu coração a pastar onde as pastagens são mais verdejantes. Estabeleço apenas uma condição:

que meu professor conheça a Deus, como afirmou Carlyle, "que não seja apenas por rumores", e que, para ele, Cristo esteja sobre todas as coisas. Se um homem tem a me oferecer apenas uma doutrina correta, certifico-me de escapulir na primeira oportunidade, a fim de buscar a companhia de alguém que tenha visto quão amável é a face daquele que é a Rosa de Sarom e o Lírio dos vales. Esse homem pode me ajudar, e ninguém mais.

O argumento desta obra é a *intimidade essencial* da verdadeira religião. Espero mostrar que, se conhecermos o poder da mensagem cristã, a nossa natureza deve ser invadida por um Objeto externo a ela; que aquele que é externo deve tornar-se interno; que a realidade objetiva, que é Deus, deve cruzar o limiar de nossa personalidade e fazer morada em nosso interior.

Como argumentação, pode ser dito que estou errado, mas como William Blake (1757-1827), certa ocasião, escreveu, "Se estou errado, estou errado em boa companhia". Não é isso, simplesmente, outro modo de dizer, "O espírito é o que vivifica; a carne para nada aproveita" (João 6:63)? A imprescindibilidade de uma vida interior correta foi a tônica do ensinamento de Cristo e, sem dúvida alguma, constituiu uma das principais causas para sua rejeição por aqueles extremistas notórios, os fariseus. De igual modo, Paulo pregou continuamente a doutrina do Cristo que habita o interior do ser, e a história irá revelar que a igreja tem conquistado ou perdido poder exatamente quando foi em direção ou afastou-se da internalidade de sua fé.

Talvez uma palavra de alerta seja apropriada aqui — devemos ter o devido cuidado com o hábito comum de depositar a confiança em livros em si. É necessário um

PREFÁCIO 13

certo esforço mental para evitar o erro de fazer dos livros e professores fins em si mesmos.

A pior coisa que um livro pode fazer a um cristão é deixá-lo com a impressão de ter recebido dele algo realmente bom; o melhor que pode fazer é indicar o caminho para o Deus que ele está buscando. A função de um bom livro é postar-se como uma placa de direção, orientando o leitor rumo à verdade e à vida. O livro mais útil é aquele que se faz desnecessário o quanto antes, assim como a melhor placa de direção é aquela que é esquecida logo após o viajante chegar são e salvo ao destino desejado. O trabalho de um bom livro é incitar o leitor a uma ação moral, a voltar os olhos para Deus e exortá-lo a avançar. O livro não pode ir além disso.

Igualmente, algo deve ser dito aqui sobre a palavra *religião*, já que ela aparece ao longo dessas páginas. Sei como desleixadamente esse termo tem sido usado por muitos e quantas inúmeras definições tem recebido das mãos de filósofos e psicólogos. A fim de ser o mais claro possível, permita-me afirmar que a palavra *religião*, como a uso nesta obra, significa o todo da obra de Deus em um ser humano, e toda a reação deste em resposta a essa obra interior. Quero dizer que é o poder de Deus em ação na alma à medida que o indivíduo o conhece e o experimenta. Contudo a palavra também possui outros sentidos. Por vezes, ela significará *doutrina* e, novamente, significará a *fé cristã* ou *cristianismo* em seu sentido mais abrangente. É uma boa palavra, além de ser bíblica. Devo tentar usá-la com cuidado, mas invoco a indulgência do leitor em perdoar as falhas ao encontrá-la com mais frequência do que ele gostaria.

É impossível viajar para o sul sem dar as costas ao norte. Não se pode semear se o solo não for arado antes, nem progredir sem a remoção dos obstáculos que estão adiante. Espera-se, portanto, encontrar aqui uma pequena dose de criticismo ocasional. Seja o que for que se coloque no caminho do progresso espiritual, sinto ser meu dever confrontá-lo, sendo praticamente impossível fazer oposição sem ferir os sentimentos de alguém. Quanto mais estimado o erro for, tanto mais perigoso e mais difícil será corrigi-lo, sempre.

Submeterei tudo, no entanto, ao teste da Palavra e do Espírito. Não à Palavra somente, mas à Palavra e ao Espírito. O nosso Senhor disse: "Deus é espírito; e importa que os seus adoradores o adorem em espírito e em verdade" (João 4:24). Embora seja impossível ter o Espírito sem ter, pelo menos, a verdade em alguma medida, infelizmente é possível ter a casca da verdade sem o Espírito. A nossa esperança é que possamos ter ambos, o Espírito e a verdade, na medida mais plena.

1

O *continuum* eterno

"Como fui com Moisés, assim serei contigo."

JOSUÉ 1:5

A PRECEDÊNCIA INCONDICIONAL de Deus em relação ao universo que Ele criou é uma verdade celebrada tanto no Antigo como no Novo Testamento. O profeta Habacuque cantou isso em vibrante linguagem: "Não és tu desde a eternidade, ó Senhor, meu Deus, ó meu Santo" (Habacuque 1:12). O apóstolo João expressou isso com esmeradas palavras de um significado profundo: "No princípio era o Verbo, e o Verbo estava com Deus, e o Verbo era Deus. Ele estava no princípio com Deus. Todas as coisas foram feitas por intermédio dele, e, sem ele, nada do que foi feito se fez" (João 1:1-3).

Essa verdade é tão necessária para corrigir os pensamentos sobre Deus e sobre nós que jamais será demasiado enfatizá-la. É uma verdade conhecida por todos, um tipo de propriedade comum de todas as pessoas religiosas, mas por essa mesma razão de ser tão comum, agora ela possui pouco significado para qualquer um de nós. Ela sofreu o destino sobre o qual Coleridge escreveu:

> Verdades, de todas as outras as mais terríveis e interessantes, são consideradas, com muita frequência, tão

verdadeiras que elas perdem todo o poder de verdade e jazem acamadas no dormitório da alma, lado a lado com os erros mais desprezados e reprovados.

A precedência divina é uma dessas verdades "acamadas". O meu desejo é fazer tudo ao meu alcance para resgatá-la "da negligência causada pela própria circunstância de sua aceitação universal". As verdades cristãs negligenciadas podem ser revitalizadas apenas quando, pela oração e longa meditação, as isolarmos da massa de ideias nebulosas com as quais nossa mente é bombardeada e as mantermos, firme e determinadamente, como foco da atenção da mente.

Deus é o grande Antecedente de todas as coisas. Porque Ele é, nós somos e tudo o mais é. Deus é "eterno e temível", autoexistente, onipresente e autossuficiente. Faber tinha isso em mente ao escrever o seu grande hino em celebração à eternidade de Deus.

> Tu não tens juventude, grande Deus!
> Sem começo e fim tu és;
> A tua glória em si mesma morava,
> E ainda permanece no teu próprio coração tranquilo:
> Nenhuma idade pode amontoar os teus anos visíveis em ti:
> Querido Deus! Tu és tu mesmo, a tua própria eternidade!

Não desconsidere esse poema como se ele fosse apenas mais um. A diferença entre uma grande vida cristã e qualquer outro tipo de vida reside na qualidade de nossos conceitos religiosos, e as ideias expressas nas seis linhas do poema *podem* ser como os degraus da escada de Jacó, que nos ascende para uma ideia de Deus mais satisfatória e sólida.

O *CONTINUUM* ETERNO 17

Não podemos pensar corretamente em Deus até começarmos a pensar nele como sempre estando *lá*, e *lá primeiro*. Josué precisava aprender isso. Por muito tempo, ele serviu Moisés, o servo de Deus, e, seguramente, recebeu a palavra de Deus em sua boca de tal modo que Moisés e Deus misturaram-se em sua mente, tão mesclados que Josué quase não conseguia separar os dois pensamentos; por associação, eles sempre apareciam juntos em sua mente. Agora, Moisés estava morto, e, para que o jovem Josué não fosse dominado pelo desespero, Deus falou para assegurar-lhe: "Como fui com Moisés, assim serei contigo" (Josué 1:5; 3:7). Nada mudara e nada se perdera. Nada de Deus morre quando um homem morre.

"Como Eu fui — assim Eu serei". Somente Deus podia dizer isso. Apenas o Eterno pode permanecer o atemporal EU SOU e declarar "Eu fui" e "Eu serei".

Aqui nós reconhecemos (e há temor e maravilha no pensamento) a unidade essencial da natureza de Deus, a permanência eterna de seu imutável ser por toda a eternidade e por todo o tempo. Aqui começamos a ver e sentir o *continuum* eterno. Por onde quer que desejemos começar, Deus está lá antes. Ele é o Alfa e o Ômega, o princípio e o fim, o que era e o que virá, o Todo-poderoso. E se voltarmos aos limites mais longínquos do pensamento, onde a imaginação toca o vazio antes da criação, encontraremos Deus lá. Num só relance de seu olhar, Ele compreende todas as coisas da eternidade, e o bater das asas de um serafim, mil anos depois, é visto por Ele agora, sem mover seus olhos.

Outrora, eu teria considerado tais pensamentos como mera tagarelice metafísica sem significado prático para qualquer um neste mundo. Agora, reconheço-os como verdades sólidas e de fácil compreensão com potenciais positivos ilimitados. A falha em obter uma visão correta no início de nossa vida cristã pode resultar em fraqueza e esterilidade para o resto de nossos dias. Será que grande parte de nossa inadequação não pode ser creditada ao nosso hábito de saltitar pelos corredores do reino como crianças tagarelando sobre tudo, mas pausando para aprender o verdadeiro valor de nada?

Em minha impaciência de criatura, sou tentado, com frequência, a desejar que houvesse algum meio de levar os cristãos modernos a uma vida espiritual mais profunda, sem dor, mediante lições curtas e fáceis, mas tais anseios são em vão. Não existem atalhos. Deus não se curva à nossa pressa impaciente nem abraça os métodos de nossa era moderna. É melhor que aceitemos esta dura verdade agora: *O homem que deseja conhecer Deus deve ter tempo para Ele*. O ser humano não deve considerar como desperdício o tempo investido no cultivo da familiaridade com Deus. Antes, deve dedicar-se à meditação e à oração por horas sem fim. Assim fizeram os santos do passado, o glorioso grupo dos apóstolos, a piedosa irmandade dos profetas e os membros da santa igreja de todas as gerações. E assim nós devemos fazer se quisermos seguir-lhes os passos.

Pensaríamos em Deus, então, como mantenedor da unidade de seu ser incriado ao longo de todas as suas obras e seus anos como sempre dizendo não apenas "Eu fiz" e "Eu farei", mas também "Eu faço" e "Eu estou fazendo".

Uma fé robusta exige que compreendamos essa verdade convictamente, embora saibamos o quão raramente assentimos com tal pensamento. Habitualmente, nós nos colocamos em nosso *agora* e, pela fé, olhamos para trás a fim de ver o passado pleno de Deus. Olhamos para frente e o vemos habitando nosso futuro, mas o nosso *agora* encontra-se desabitado, exceto por nós mesmos. Portanto, somos culpados por um tipo de ateísmo temporário que nos deixa sozinhos no universo enquanto, por ora, Deus não está. Muito falamos sobre Ele, em alto e bom som, mas secretamente pensamos que Ele está ausente, e pensamos em nós mesmos como se habitássemos um intervalo entre o Deus que foi e o Deus que será, e que estamos sozinhos à mercê de uma solidão ancestral e cósmica. Cada um de nós se parece com uma criança perdida em uma grande loja abarrotada. A criança está a poucos metros de sua mãe, mas, por não conseguir vê-la, sente-se inconsolável. Assim, tentamos aliviar os nossos temores e curar a nossa tristeza oculta por todos os métodos idealizados pela religião, porém, apesar de todos os nossos esforços, permanecemos infelizes, com o desespero inerente a homens sozinhos em um universo gigantesco e abandonado.

Apesar de todos os nossos medos, não estamos sozinhos. Nosso problema é que *pensamos* estar desamparados. Vamos corrigir esse erro pensando em nós mesmos como se estivéssemos à beira de um rio caudaloso. Então, imaginemos esse rio como sendo ninguém menos que o próprio Deus. Olhamos à nossa esquerda e vemos o rio vindo abundante de nosso passado; olhamos à nossa direita e o vemos fluindo para o nosso futuro. *Mas vemos também que ele está fluindo em nosso presente.* E, em nosso hoje, o rio é o mesmo como era em nosso passado, nem menos, nem diferente, mas o mesmo rio, um *continuum* ininterrupto, inalterado, ativo e forte ao fluir soberanamente rumo ao nosso amanhã.

Onde quer que a fé seja genuína, onde quer que tenha provado ser real, invariavelmente ela trará consigo um senso da *presença de Deus*. As Escrituras possuem, em destacado grau, essa noção do encontro real com uma Pessoa real. Os homens e as mulheres da Bíblia conversavam com Deus. Eles falavam com Ele e o ouviam falar em palavras que podiam compreender. Mantinham com Deus uma interação pessoal, e uma noção dessa brilhante realidade pode ser obtida por meio de suas palavras e seus feitos.

Os próprios profetas do mundo, os psicólogos incrédulos (aqueles cegos que procuram por uma luz que não é a luz de Deus) têm sido forçados a reconhecer que, no âmago da experiência religiosa, há essa percepção de haver *algo lá*. Contudo, melhor ainda é o a percepção de haver *Alguém lá*. Foi essa noção que encheu de permanente maravilha os primeiros membros da igreja de Cristo. O solene deleite, conhecido pelos antigos discípulos, emanava da convicção de que havia *Alguém* no meio deles. Eles sabiam que a Majestade no céu os encarava na terra: eles estavam na própria presença de Deus. E o poder dessa convicção para cativar a atenção e mantê-la por toda a existência, para elevar, transformar, preencher com incontrolável felicidade moral, para enviar homens cantando à prisão e à morte, tem sido uma das maravilhas da história e um prodígio do mundo.

Nossos pais nos contaram, e nossos próprios corações confirmam, quão maravilhoso é esse senso de Alguém estar lá. Isso torna a religião invulnerável ao ataque crítico. Isso protege a mente do colapso do bombardeio inimigo. Aqueles que adoram o Deus que é presente podem ignorar as objeções de homens incrédulos. A experiência que

O *CONTINUUM* ETERNO 21

desfrutam é autoverificável e não necessita de defesa ou prova. O que eles veem e ouvem sobrepuja suas dúvidas e confirma sua confiança para além do poder de destruição de qualquer argumento.

Alguns que desejam ser professores da Palavra, mas que não compreendem nem mesmo o que eles mesmos dizem ou afirmam, insistem na fé "nua" como o único caminho para conhecer as coisas espirituais. Com isso, exprimem uma convicção na fidedignidade da Palavra de Deus (uma convicção, deve-se observar, que os demônios compartilham com eles).

O homem que foi ensinado, ainda que superficialmente, pelo Espírito da verdade, se rebelará contra essa perversão. Sua linguagem será: "Eu o ouvi e o observei. O que é que eu tenho mais com os ídolos?". Pois ele não pode amar um Deus que não é mais que a mera dedução de um texto. Ele almejará conhecer Deus com uma consciência vital que vai além das palavras e viver na intimidade de uma comunhão pessoal. Buscar o nosso Deus meramente em livros e textos é *buscar o vivo entre os mortos*; mas o fazemos muitas vezes, buscando em vão Deus neles, onde a verdade dele, via de regra, é mais sepultada do que consagrada. Deus é mais bem discernido por meio de um toque intelectual seu. Devemos ver com nossos olhos, ouvir com nossos ouvidos, e nossas mãos devem manejar a Palavra da Vida.

Nada pode ocupar o lugar do *toque* de Deus na alma e o senso de que Alguém está lá. A fé real, de fato, traz tal compreensão, pois a fé genuína jamais é o resultado do emprego da razão sobre textos. Onde a fé verdadeira está, o conhecimento de Deus será dado como um fato da consciência, totalmente à parte da conclusão da lógica.

Se um homem despertasse no meio da noite e ouvisse alguém movendo-se em direção ao seu quarto, mas soubesse que a presença indiscernível era de um amado membro de sua família com todo o direito de estar lá, o seu coração seria inundado por uma sensação de quietude; mas se tivesse razão para crer que um invasor havia entrado em sua casa, talvez para roubar ou matar, decerto ele seria tomado por um sentimento de terror, fitando a escuridão sem saber de onde o golpe viria. Todavia *a diferença entre a experiência e a ausência dela seria aquele apurado senso de alguém estar lá*. Não é verdade que, para a maioria de nós, os autodenominados cristãos, não há experiência real? Temos substituído um encontro cativante por ideias teológicas, estamos cheios de noções religiosas, mas a nossa grande fraqueza é que não há ninguém lá para os nossos corações.

Seja o que for que ela abranja, a verdadeira experiência cristã deve sempre incluir um genuíno encontro com Deus. Sem isso, a religião não passa de uma sombra, um reflexo da realidade, uma cópia barata de um original outrora desfrutado por alguém de quem ouvimos falar. Não pode ser senão uma grande tragédia na vida de qualquer homem ou mulher que vive na igreja, desde a sua infância até a velhice, e não conhece nada mais real do que um deus sintético composto de teologia e lógica, mas que não possui olhos para ver, nem ouvidos para ouvir, nem coração para amar.

Os gigantes espirituais do passado eram homens e mulheres que, em algum momento, tornaram-se intensamente conscientes da presença real de Deus e mantiveram essa consciência pelo resto de suas vidas. O primeiro encontro pode ter sido uma experiência de terror, como quando "grande pavor e cerradas trevas" (Gênesis 15:12) caíram sobre Abraão, ou quando Moisés, diante da sarça ardente, cobriu o seu rosto porque teve medo de olhar para Deus. Esse sentimento, em geral, logo perde o seu conteúdo de terror, transformando-se, após um tempo, em uma prazerosa admiração, elevando-se, por fim, a um senso reverente de completa proximidade com Deus. A questão essencial é — eles experimentaram Deus. Como, de outra forma, os santos e profetas podem ser explicados? Como, de outra sorte, explicar o incrível poder para o bem que exercitaram ao longo de incontáveis gerações, exceto que eles andaram em consciente comunhão com a presença real e endereçaram suas orações a Deus com a sincera convicção de que estavam falando com Alguém que realmente estava lá?

Sem dúvida, temos sofrido a perda de muitos tesouros espirituais porque deixamos escapar a simples verdade de que o milagre da perpetuação da vida está em Deus. Ele não criou a vida e a retirou de sua presença como um artista desapontado com a sua obra. Toda vida está nele e existe por causa dele, fluindo dele e retornando novamente a Ele, em um mar indivisível em movimento cuja nascente é Ele. Aquela vida eterna que estava com o Pai é agora propriedade de homens e mulheres que creem, e essa vida não é apenas um dom dele, mas é Ele próprio.

A redenção não é uma obra estranha para a qual Deus, por um momento, desviou-se para realizar; antes, é o mesmo trabalho realizado em uma nova área, a área da catástrofe humana. A regeneração de uma alma crédula nada mais é do que uma recapitulação de toda a sua obra feita no momento da criação. É difícil não perceber o paralelo entre a geração, como descrita no Antigo Testamento, e a regeneração, como descrita no Novo Testamento. Como, por exemplo, poderia a condição de uma alma perdida ser mais bem descrita do que por estas palavras, "sem forma e vazia, com trevas sobre a face do abismo" (Gênesis 1:2)? E como os anseios do coração de Deus pelas almas perdidas poderiam ser mais perfeitamente expressos do que pelas palavras "e o Espírito de Deus pairava por sobre as águas" (1:2)? E por qual fonte poderia vir a luz sobre a alma encoberta pelo pecado, caso Deus não tivesse dito "haja luz" (1:3)? A luz irrompe por sua palavra, e o homem perdido levanta-se para beber da vida eterna e seguir a luz do mundo. Assim como a ordem e a fecundidade acompanharam a antiga criação, igualmente a ordem moral e o fruto espiritual seguiram-se à experiência humana. E sabemos que Deus é o mesmo e que seus anos não têm fim. Deus sempre agirá como Ele mesmo, onde quer que Ele esteja trabalhando e qualquer que seja a obra que esteja realizando.

Precisamos buscar a libertação de nosso desejo vão e debilitante de voltar ao passado e restaurá-lo. Devemos nos livrar da noção infantil de que ter vivido na época de Abraão, ou no tempo de Paulo, seria melhor do que viver nos dias atuais. Com Deus, os dias de Abraão e os dias de hoje são iguais. Por meio de um único impulso de vida, Ele criou todos os dias e todos os tempos, de modo que a vida do primeiro dia e a vida do dia no futuro mais remoto estão unidas nele. Podemos muito bem cantar novamente (e crer) na verdade cantada por nossos pais:

> A eternidade, com seus anos todos,
> Está presente à tua vista;
> Para ti não há nada antigo;
> Grande Deus, não há nada novo.

Ao salvar os homens, Deus está apenas fazendo novamente (ou melhor, continuando a fazer) a mesma obra criativa como no princípio do mundo. Para Ele, cada alma remida é um mundo em que Ele realiza, uma vez mais, seu bom trabalho como antigamente.

Nós, que experimentamos Deus no tempo presente, podemos nos rejubilar por termos nele tudo o que Abraão ou Paulo podiam ter; na verdade, os próprios anjos diante do trono não podem ter mais do que nós, pois eles não podem ter mais de Deus e nada podem desejar além dele. Tudo o que Ele é e tudo o que tem feito são para nós e para todos os que compartilham da salvação comum. Com plena consciência de nosso próprio demérito, não obstante podemos assumir o nosso lugar no amor de Deus, e os mais pobres e fracos de nós podem, sem ofensa, reivindicar todas as riquezas divinas concedidas em misericórdia. Tenho todo o direito de reivindicar tudo para mim mesmo, ciente de que o Deus infinito pode dar tudo de si para cada um de seus filhos. Ele não distribui a si mesmo para que cada um tenha uma parte, mas a cada um Ele entrega tudo de si mesmo tão plenamente como se não houvesse outros filhos.

Que diferença faz quando deixamos de ser genéricos (um expediente, a propósito, para a falsa humildade e descrença) e nos tornamos específicos e pessoais ao nos aproximarmos de Deus. Então, não devemos ter receio do pronome pessoal, mas, com os amigos de Deus, devemos relacioná-lo àquele que o concedeu e, cada um, reivindicar para si mesmo a Pessoa e a obra do Deus Trino. Assim, veremos que tudo o que Deus fez foi por cada um de nós e poderemos declarar:

Por mim, tu cobriste a ti mesmo de luz como de um manto, estendeste o céu como uma cortina e estabeleceste o vigamento da tua morada. Por mim, tu fizeste a lua para marcar o tempo e o sol conhece a hora de seu ocaso. Por mim, tu fizeste os animais selvagens, segundo a sua espécie, todas as ervas que dão semente e todas as árvores em que há fruto que dê semente. Por mim, profetas escreveram e salmistas cantaram. Por mim, homens santos falaram da parte de Deus movidos pelo Espírito Santo.

Por mim, Cristo morreu, e os benefícios redentores dessa morte são, pelo milagre de sua presente vida, perpetuados, tão eficazmente agora como no dia em que Ele inclinou sua cabeça e rendeu seu espírito. E, quando ressuscitou ao terceiro dia, Ele o fez por mim; e quando derramou sobre os discípulos o Espírito Santo prometido, Ele o fez para que pudesse continuar *em mim* a obra que estava realizando, *por mim*, desde o início da criação.

2

Em palavra ou em poder

"[...] o nosso evangelho não chegou até vós tão somente em palavra, mas, sobretudo, em poder, no Espírito Santo."

1 TESSALONICENSES 1:5

"[...] se alguém está em Cristo, é nova criatura."

2 CORÍNTIOS 5:17

"Conheço as tuas obras, que tens nome de que vives e estás morto."

APOCALIPSE 3:1

PARA AQUELE QUE É APENAS UM ESTUDIOSO, esses versículos podem ser interessantes, mas para um homem sério com a intenção de ganhar a vida eterna, eles podem ser bem mais do que apenas um pouco perturbadores. Pois eles, evidentemente, ensinam que a mensagem do evangelho pode ser recebida de duas formas distintas — em palavra somente, sem poder, ou em palavra com poder. Não obstante, trata-se da mesma mensagem, quer venha em palavra, quer venha em poder. Igualmente, esses versículos ensinam que, quando a mensagem é recebida em poder, ocorre uma mudança tão radical em quem a recebe a ponto de ser chamado de uma nova criação. Todavia a mensagem pode ser recebida sem poder e, aparentemente, alguns a receberam assim, pois alguns parecem estar vivos, mas estão mortos. Nos dois últimos versículos, as ações estão no tempo presente.

Pela observação do proceder dos homens em jogos, tenho obtido uma melhor compreensão do proceder deles em oração. A maioria deles, de fato, age na religião como age nos jogos, sendo a religião em si, de todos os jogos, o mais universalmente jogado. Os variados esportes possuem as suas próprias regras, bolas e jogadores; o jogo estimula o interesse, fornece prazer e consome tempo e, quando termina, os times competidores riem e deixam o campo. É comum ver um jogador deixar um time para entrar em outro e, poucos dias depois, jogar contra os seus antigos companheiros com o mesmo zelo que demonstrava anteriormente quando jogava *por* eles. A coisa toda é arbitrária. Tudo consiste em solucionar problemas artificiais e atacar as dificuldades deliberadamente criadas para o bem do jogo. Isso não possui raízes morais nem devia ter. Ninguém é melhor por seu esforço autoimposto. É apenas uma prazerosa atividade que, afinal de contas, não muda nem acrescenta nada.

Se a condição descrita se limitasse apenas ao campo do jogo, poderíamos deixar isso para lá, sem um pensamento adicional, mas o que temos a dizer quando esse mesmo espírito adentra o santuário e define a atitude dos homens em relação a Deus e à religião? Pois, da mesma forma, a religião possui o seu campo e as suas regras, bem como o equipamento certo para jogar o jogo das palavras piedosas. Ela possui os seus devotos, tanto leigos como profissionais, que apoiam o jogo com seu dinheiro e o encorajam com a sua presença, mas que não são diferentes em vida ou caráter dos muitos que não têm nenhum interesse na religião.

Como um atleta usa uma bola, igualmente muitos de nós usam a palavra: verbalizada e cantada, escrita e proferida em oração. Nós as jogamos rapidamente no campo; aprendemos a lidar com elas com destreza e graça; construímos reputações com base em nossa habilidade verbal e angariamos como recompensa o aplauso daqueles que apreciaram o jogo. No entanto, a nulidade de tudo isso fica evidenciada pelo fato de, após o agradável jogo religioso, *ninguém é, no fundo, nem mesmo um pouco diferente do que era antes do jogo*. As bases da vida permanecem inalteradas, os mesmos princípios antigos governam, bem como as mesmas antigas regras adâmicas.

Eu não estou dizendo que a religião sem poder não faz qualquer diferença na vida de uma pessoa, apenas que não faz nenhuma diferença fundamental. A água líquida pode se transformar em vapor e ainda ter fundamentalmente a mesma composição. Assim também a religião sem poder é capaz de levar um homem a muitas mudanças superficiais, mas deixá-lo exatamente como ele era antes. É aí que reside a cilada. As mudanças ocorrem apenas na forma, não no conteúdo. Por trás das atividades de um homem sem religião e de um homem que recebeu o evangelho sem poder residem os mesmos motivos. Um ego ímpio jaz no âmago de ambas as vidas; a diferença é que o homem religioso aprendeu a disfarçar melhor o seu vício. Seus pecados são refinados e menos ofensivos que antes de ele adotar uma religião, mas o homem em si não é um homem melhor aos olhos de Deus. Ele, na verdade, pode estar pior, pois Deus odeia a artificialidade e a pretensão. O egoísmo ainda é o agente propulsor, como um motor, no centro da vida daquela pessoa. Bem, ele pode aprender a "redirecionar" os seus impulsos egoístas, mas o seu infortúnio é que o ego ainda vive sem repreensão e até mesmo insuspeito no interior de seu coração. Ele é uma vítima da religião sem poder.

O ser humano que recebeu a Palavra sem poder aparou a sua sebe, mas ainda é uma aresta espinhosa, que nunca será capaz de produzir os frutos de uma nova vida. Não obstante, essa pessoa pode vir a ser um líder na igreja, e sua influência e seu voto muito podem na determinação do que a religião deve ser em sua geração.

A verdade recebida em poder desloca as bases de vida de Adão para Cristo, e um novo conjunto de motivações passa a agir no interior da alma. Um espírito novo e diferente adentra a personalidade, tornando novas todas as áreas de seu ser. O seu interesse muda das coisas externas às internas, das coisas terrestres às celestiais. Ele perde a fé na solidez dos valores externos, passa a ver claramente o engano das aparências exteriores, e seu amor e sua confiança pelo mundo invisível e eterno são fortalecidos à medida que a sua experiência expande.

A maioria dos cristãos irá concordar com as ideias aqui expressas, mas o abismo entre teoria e prática é tão imenso quanto aterrorizante. Pois o evangelho é, com muita frequência, pregado e aceito sem poder, e a mudança radical demandada pela verdade jamais ocorre. Pode haver, de fato, algum tipo de mudança; uma barganha intelectual e emocional pode ser feita com a verdade, mas aconteça o que acontecer, jamais será profunda e radical o suficiente. A "criatura" é mudada, mas nunca é "nova". E bem aí está a tragédia disso. O evangelho preocupa-se com uma nova vida, com um nascimento que leve a um novo nível de ser e, até que tal renascimento seja efetivado, não terá completado uma obra salvadora na alma.

Onde quer que a Palavra seja pregada sem poder, o seu conteúdo essencial é perdido. Pois há, na verdade divina, uma nota imperiosa, há no evangelho uma urgência, uma finalidade que não será ouvida ou sentida, exceto pela capacitação do Espírito Santo. Devemos constantemente ter em mente que o evangelho não se trata apenas de boas-novas, mas também de julgamento sobre todos os que o ouvem. A mensagem da cruz é, de fato, boas-novas para o arrependido, mas, para *aqueles que não obedecem ao evangelho*, ela traz uma implicação de advertência. O ministério do Espírito junto ao mundo impenitente é avisar sobre o pecado, a justiça e o juízo. Para aqueles que querem deixar de ser pecadores obstinados e se tornarem filhos obedientes de Deus, a mensagem do evangelho é de uma paz absoluta, mas, por sua própria natureza, também é um árbitro para o destino futuro dos homens.

Esse aspecto secundário é praticamente negligenciado em nossos dias. A característica do evangelho de *presente*, de *dom*, é mantida como conteúdo exclusivo, enquanto o elemento de *mudança* é, na mesma medida, ignorado. A concordância teológica é tudo o que é exigido para tornar-se um cristão. Essa aprovação é chamada de fé, sendo considerada a única diferença entre salvos e perdidos. A fé, portanto, é concebida como um tipo de mágica religiosa, que traz grande deleite ao Senhor e possui o misterioso poder de abrir o reino dos céus.

O meu desejo é ser justo com todos e descobrir todo o bem que posso nas crenças religiosas de cada homem, mas os efeitos nocivos desse credo do tipo "fé como mágica" são maiores do que possa ser imaginado por qualquer um que não tenha ficado frente a frente com eles. Hoje em dia, diz-se fervorosamente a grandes audiências que a única qualificação essencial para o céu é ser um homem mau, e que um impedimento certo para o favor de Deus é ser bom. A própria palavra *justiça* é falada apenas em tom de frio escárnio, e o homem moral é visto com um sentimento de pena. Esses professores dizem: "Um cristão não é moralmente melhor que um pecador, a diferença é que o primeiro aceitou Jesus e, assim, ele possui um Salvador". Espero que não soe estranho perguntar: "Um Salvador do quê?". Se não for do pecado, da má conduta e da velha e decaída vida, então do quê? E se a resposta for: "Das consequências dos pecados passados e do julgamento que há de vir", ainda não ficamos satisfeitos. A justificação das ofensas passadas é tudo o que distingue um cristão de um pecador? Pode um homem tornar-se um crente em Cristo e não ser melhor do que ele era antes? Tudo o que o evangelho oferece é um advogado habilidoso para livrar os pecadores culpados no dia do julgamento?

Creio que a verdade da questão não é tão profunda, nem é difícil de descobrir. A autojustificação obsta o favor de Deus porque faz com que o pecador retorne aos seus próprios méritos, alijando-o da imputada justiça de Cristo. E ser um pecador confesso e conscientemente perdido é necessário para se receber a salvação por meio de nosso Senhor Jesus Cristo. Isso nós alegremente admitimos e constantemente declaramos, mas aqui está a verdade que tem sido negligenciada nos dias atuais — *um pecador não pode entrar no reino de Deus!* As passagens bíblicas que declaram isso são tantas e tão familiares que não há necessidade de repeti-las aqui, mas o cético pode verificá-las em Gálatas 5:19-21 e Apocalipse 21:8.

Como, então, um homem pode ser salvo? O pecador arrependido encontra Cristo e, após esse encontro salvador, deixa de ser um pecador. O poder do evangelho o transforma, muda a base de sua vida do *eu* para Cristo, coloca-o em uma nova direção e o torna uma nova criação. A condição moral do arrependido, quando ele vem a Cristo, não afeta o resultado, pois a obra de Cristo limpa tanto o seu bem como o seu mal, tornando-o um outro homem. O pecador arrependido não é salvo por alguma transação judicial à parte de uma respectiva mudança moral. A salvação deve incluir uma mudança de condição judicial, mas o que é negligenciado pela maioria dos mestres é que *ela também inclui uma mudança real na vida do indivíduo.* E com isso queremos dizer mais do que uma mudança superficial, mas uma transformação tão profunda que atinge as raízes do viver humano. Se a alteração não for tão profunda assim, não será profunda o suficiente. Se não tivéssemos anteriormente sofrido um sério declínio em nossas expectativas, não teríamos aceitado essa mesma visão técnica de fé. As igrejas, mesmo as evangélicas, são espiritualmente mundanas, moralmente anêmicas, estão na defensiva, são imitadoras em vez de inovadoras e estão em uma condição lamentável, em geral, porque foi dito a duas gerações inteiras que a justificação nada mais é do que um veredito de "inocente" pronunciado pelo Pai celestial ao pecador que pode apresentar a moeda mágica da *fé,* contendo a maravilhosa inscrição "abre-te, sésamo". Se não é expressa de maneira tão direta assim, ao menos a mensagem é apresentada para criar tal impressão. Tudo isso resulta de ouvir a Palavra pregada sem poder e recebê-la da mesma forma.

Agora, a fé, de fato, é o "abre-te, sésamo" para a bem-aventurança eterna. Sem fé é impossível agradar a Deus; tampouco nenhum ser humano poder ser salvo à parte da fé no salvador ressurreto. Contudo a verdadeira qualidade da fé, ou seja, a sua qualidade moral, é quase universalmente ignorada. É mais do que a mera confiança na veracidade de uma afirmação presente na Escritura Sagrada. Trata-se de algo altamente moral e de essência espiritual. Invariavelmente, efetua uma radical transformação na vida daquele que a exercita, mudando o olhar interior do *eu* para Deus e introduzindo o seu possuidor em uma vida celestial sobre a terra.

Não é o meu desejo minimizar o efeito justificador da fé. Nenhum homem conhecedor das profundezas de sua própria maldade ousaria aparecer diante da inefável presença sem nada a recomendá-lo além de seu próprio caráter. Assim como nenhum cristão, sábio após a disciplina de falhas e imperfeições, desejaria que sua aceitação diante de Deus dependesse de qualquer grau de santidade a que tivesse chegado por meio das operações da graça interior. Todos os que conhecem os seus próprios corações e as provisões do evangelho unir-se-ão na oração do homem de Deus:

> Assim que o seu clarim soar;
> Irei com Ele me encontrar,
> E gozarei da redenção
> Com todos que no céu estão!

É lastimável que uma verdade tão bela tenha sido tão deturpada. Contudo, a perversão é o preço a ser pago por falharmos na ênfase do conteúdo moral da verdade; é a maldição que acompanha a ortodoxia racional quando o Espírito da verdade é suprimido ou rejeitado.

Ao declarar que a fé no evangelho efetua uma mudança de motivação na vida, desviando o foco do *eu* para Deus, estou apenas afirmando os fatos sóbrios. Todo homem dotado de inteligência moral deve estar consciente da maldição que o aflige interiormente; deve ter consciência do que chamamos de *ego*, denominado pela Bíblia como *carne* ou *eu*, porém, independentemente do nome pelo qual é conhecido, trata-se de um mestre cruel e de um inimigo mortal.

O faraó jamais governou Israel tão tiranicamente quanto esse inimigo oculto governa os filhos e as filhas dos homens. As palavras de Deus a Moisés com respeito a Israel na escravidão é uma boa descrição de todos nós: "Certamente, vi a aflição do meu povo, que está no Egito, e ouvi o seu clamor por causa dos seus exatores. Conheço-lhe o sofrimento" (Êxodo 3:7). O Credo Niceno ternamente afirma que Jesus Cristo, por nós e para a nossa salvação, desceu dos céus, encarnou-se pelo Espírito Santo no seio da virgem Maria e se fez homem. Também por nós foi crucificado sob Pôncio Pilatos. Ele padeceu e foi sepultado; e ressuscitou ao terceiro dia conforme as Escrituras, e subiu aos céus, onde está assentado à direita do Pai.

Para que foi tudo isso? Para que Ele pudesse nos declarar tecnicamente livres e nos deixasse permanecer em escravidão? Jamais. Deus disse a Moisés:

> Por isso, desci a fim de livrá-lo da mão dos egípcios e para fazê-lo subir daquela terra a uma terra boa e ampla, terra que mana leite e mel; [...] Chega-te a Faraó e dize-lhe: [...] Deixa ir o meu povo. (Êxodo 3:8; 8:1)

Para os humanos cativos do pecado, Deus jamais tencionou outra coisa que não fosse a libertação plena. A mensagem cristã corretamente compreendida é essa: O Deus que pela *palavra* do evangelho *proclama* os homens livres, pelo *poder* do evangelho *os torna realmente livres*. Aceitar menos que isso é conhecer o evangelho apenas em palavra, sem o seu poder.

Aqueles a quem a Palavra vem em poder conhecem essa libertação, essa migração interior da alma da escravidão para a liberdade, esse livramento da posição moral, uma verdadeira travessia, e eles, conscientemente, pisam em um outro solo, sob um outro céu e respiram um outro ar. As motivações de sua vida são mudadas e seus impulsos interiores são feitos novos.

O que são esses velhos impulsos que outrora forçavam obediência na ponta de um chicote? Quem são esses pequenos capatazes, servos do grande capataz, o *eu*, que perfilam diante dele e fazem a sua vontade? Bem, mencioná-los todos demandaria um livro à parte, mas apontaria um como um tipo ou exemplo dos demais — é o desejo por aprovação social.

Esse desejo não é ruim em si mesmo e poderia ser perfeitamente inocentado se vivêssemos em um mundo sem pecado; mas pelo fato de a raça humana ter caído diante de Deus e se unido aos seus inimigos, ser um amigo do mundo é ser um colaborador do mal e inimigo de Deus. Assim, o desejo de agradar os homens está por trás de todos os atos sociais, abrangendo desde as civilizações mais elevadas às menos desenvolvidas em que a vida humana é encontrada. Ninguém está imune a ele. O fora da lei que quebra as regras da sociedade e o filósofo que se eleva em pensamento sobre os não filósofos podem *parecer* ter escapado da armadilha, mas, na realidade, eles simplesmente estreitaram o círculo daqueles que desejam agradar. O fora da lei tem os seus comparsas diante dos quais ele busca brilhar; o filósofo tem o seu pequeno e seleto círculo de pensadores superiores, cuja aprovação é necessária à sua felicidade. Para ambos, a raiz motivadora permanece intocada. Cada um extrai a sua paz do pensamento de que desfruta da estima de seus companheiros, embora cada qual irá interpretar toda a situação à sua própria maneira.

Todo ser humano olha para os seus semelhantes porque não tem ninguém mais a quem possa olhar. Davi pôde dizer: "Quem mais tenho eu no céu? Não há outro em quem eu me compraza na terra" (Salmos 73:25). Contudo, os filhos deste mundo não têm Deus, somente uns aos outros, e caminham abraçados uns com os outros, olhando uns para os outros em busca de afirmação, como crianças amedrontadas. A esperança deles, no entanto, irá desapontá-los, pois são como um grupo de homens no qual ninguém sabe pilotar um avião, mas que, de repente, descobre estar nas alturas sem piloto, cada qual contando com o outro para fazê-lo aterrissar em segurança. A desesperada, porém equivocada, confiança do grupo não pode salvá-lo da colisão que certamente o aguarda.

Com esse desejo de agradar o semelhante tão profundamente arraigado em nosso íntimo, como podemos extrair suas raízes e mudar o impulso de agradar aos homens para agradar a Deus? Bem, ninguém é capaz de fazer isso sozinho, nem com o auxílio de outros; não por instrução, treinamento ou qualquer outro método conhecido debaixo do sol. Para isso, é necessária uma mudança de natureza (o fato de ser uma natureza caída a torna menos poderosa), e, para que isso ocorra, deve haver uma mudança sobrenatural — a ação realizada pelo Espírito, por meio do poder do evangelho recebido com uma fé viva. Então, o Espírito substitui a velha natureza pela nova e invade a vida como os raios de sol invadem uma campina, expulsando as antigas motivações à medida que a luz do alto elimina a escuridão embaixo.

O modo como funciona na experiência é mais ou menos assim: o homem que crê é dominado, repentinamente, por um poderoso sentimento de que *somente Deus importa*; logo esse sentimento opera em sua mente, condicionando todos os seus julgamentos e valores. Agora, ele se vê livre da escravidão imposta pela opinião do homem. Em breve, ele aprende a amar, acima de tudo o mais, a certeza de ser agradável ao Pai que está nos céus.

Essa completa mudança na sua fonte de prazer é o que tem tornado os que creem em pessoas invencíveis. Dessa forma, os santos e mártires permaneceram sozinhos, deserdados por todos os amigos terrenos, e morreram por Cristo sob o desagrado universal da humanidade. Quando, para intimidá-lo, os juízes de Atanásio lhe disseram que o mundo todo estava contra ele, com ousadia, Atanásio respondeu: "Então, é Atanásio contra o mundo!". Essa proclamação tem atravessado os anos e hoje nos lembra que o evangelho possui poder para libertar os homens da tirania da aprovação social, libertando-os para fazer a vontade de Deus.

Concentrei a minha consideração apenas neste inimigo, mas ele não é o único, tendo por companhia vários outros. Eles parecem sustentar-se por si mesmos, existindo à parte dos demais, mas isso é apenas aparente. Na realidade, são ramos da mesma vinha venenosa, crescendo da mesma raiz maligna, e todos eles morrem quando a raiz morre. Essa raiz é o *eu*, sendo a cruz o único e eficiente meio de aniquilá-lo.

A mensagem do evangelho, portanto, é a mensagem de uma nova criação em meio à antiga, a mensagem da conquista da nossa natureza humana pela vida eterna de Deus e a substituição da antiga pela nova. A novidade de vida apodera-se da natureza do homem que crê, dando início à sua benigna conquista, que não está completa até que a vida conquistadora alcance posse plena, e uma nova criação tenha surgido. E esta é uma ação de Deus sem o auxílio humano, pois é um milagre moral e uma ressurreição espiritual.

3

O mistério do chamado

"Chamado pela vontade de Deus para ser apóstolo [...] chamados para ser santos."

1Coríntios 1:1,2

A pequena palavra "chamado", como usada aqui pelo apóstolo, é como uma porta que se abre para um outro mundo, e quando atravessamos essa porta nos vemos, de fato, em um outro mundo. Pois o novo mundo no qual adentramos é o mundo da soberana vontade de Deus, onde a vontade humana não pode adentrar, ou, se lograr acesso, é como um dependente e um servo, jamais como um senhor.

Aqui, Paulo explica o seu apostolado: é por um chamado efetivo, não por seu próprio desejo, sua vontade ou determinação, sendo algo divino, livre, sem influência e totalmente fora da interferência do homem. A *resposta* é do homem, mas o chamado, jamais será. Esse vem de Deus somente.

Existem dois mundos, antagônicos, dominados por duas vontades distintas: a vontade do homem e a vontade de Deus, respectivamente. O velho mundo de natureza decaída é o mundo da vontade humana. Lá, o ser humano é rei, e a vontade dele decide eventos. O quanto lhe for possível, em sua fraqueza, ele decide quem, o que, quando e onde.

Ele fixa valores: o que deve ser estimado, desprezado, recebido e rejeitado. Sua vontade está acima de tudo o mais. "Eu determinei", "Eu decidi", "Eu decreto", "Seja feito". Essas palavras são ouvidas continuamente fluindo dos lábios de pequenos homens. Como eles se regozijam em seu imaginário "direito de autodeterminação" e com que vaidade cômica se gabam do "voto soberano". Não sabem ou se recusam a considerar que o são apenas brevemente, que logo passarão e não mais serão.

> Tempo, como riacho que sempre corre,
> Leva embora toda a sua cria
> Voa esquecida, como sonho que morre
> Logo na abertura do dia.

> *Tribos* de *carne e sangue* tão *ocupadas*,
> Com seus cuidados e suas vidas,
> Pela correnteza abaixo levadas,
> E em anos seguintes perdidas.
> — Isaac Watts

Todavia, em seu orgulho, os homens afirmam a sua vontade e reivindicam a posse da terra. Bem, por um tempo, é verdade que este é o mundo dos homens. Deus é aceito apenas por causa do sofrimento humano. Ele é tratado como uma realeza em visita a um país democrático. Todos têm o seu nome nos lábios (especialmente em determinadas ocasiões) e Ele é festejado, celebrado e cantado. Contudo, por trás de toda essa adulação, o homem apega-se firmemente ao seu direito à autodeterminação. Pelo tempo que lhe for permitido bancar o anfitrião, ele honrará Deus com sua atenção, mas Deus sempre será tratado como um hóspede, e o homem jamais buscará o Senhor. O homem entende que este mundo lhe pertence; ele determina as leis e decide como o mundo deve girar. A Deus não é permitido decidir nada. O homem curva-se a Deus, mas, enquanto faz isso, tem dificuldade em esconder a coroa em sua própria cabeça.

Ao entrarmos no reino de Deus, entretanto, estamos em outro tipo de mundo. Ele é completamente diferente do mundo no qual outrora vivíamos; sempre distinto e quase sempre contrário ao antigo mundo. Onde os dois afiguram-se semelhantes é apenas na aparência. "O primeiro homem, formado da terra, é terreno; o segundo homem é do céu" (1Coríntios 15:47). "O que é nascido da carne é carne; e o que é nascido do Espírito é espírito" (João 3:6). O primeiro perecerá, o segundo permanece para sempre.

Paulo tornou-se apóstolo pelo chamado direto de Deus. "Ninguém, pois, toma esta honra para si mesmo" (Hebreus 5:4). Entre os homens, vemos que alguns artistas ilustres, por vezes, apresentam-se diante da realeza e sua presença é chamada de "apresentação convidada". Por mais talentosos e famosos que sejam, esses artistas não ousam adentrar à presença do rei exceto por um chamado real, chamado esse que pode ser quase considerado uma ordem. Uma recusa a esse chamado corre o risco de ser interpretada como afronta à majestade. E com Paulo não foi diferente. O chamado de Deus era também a sua ordem. Se Paulo estivesse concorrendo a um cargo político, os eleitores é que determinariam o resultado. Caso pretendesse um lugar no mundo literário, as suas próprias habilidades literárias o colocariam lá. Se estivesse em uma competição esportiva, sua força e determinação o levariam à vitória ou à derrota. No entanto, o seu apostolado não foi assim determinado.

Quão aprazíveis são os caminhos de Deus e as manifestações da sua vontade! Os homens são feitos apóstolos não por força ou por poder nem por uma capacidade natural ou treinamento, mas pelo efetivo chamado divino. Assim é com todas as funções dentro da igreja. Aos homens é permitido reconhecerem o chamado e fazer o reconhecimento público diante da congregação, mas jamais lhes é permitido fazerem a escolha por si mesmos. Todavia, onde os caminhos de Deus e dos homens se misturam e se entrelaçam, há confusão e fracasso contínuo. Bons homens que ainda não foram chamados por Deus podem, e com frequência o fazem, tomar sobre si a sagrada obra do ministério. Pior ainda é quando homens que pertencem ao velho mundo e que não foram renovados pelo milagre da regeneração tentam fazer o santo trabalho de Deus. Quão triste é essa visão e quão trágicas são as consequências, pois os caminhos dos homens e os de Deus são eternamente contrários.

Será esta uma das razões por trás da condição atual de fraqueza espiritual? Como a carne pode servir o Espírito? Como podem homens de outra tribo que não a de Levi ministrarem diante do altar? Quão vão é tentar servir o novo seguindo os métodos antigos. Isso resulta na crescente classificação de métodos malignos tão característicos nas igrejas de nosso tempo. Os ousados e autoconfiantes forçam o avanço, e os mais fracos os seguem sem nem mesmo questionar o direito de liderança deles. O chamado divino é ignorado, com a consequente instalação da esterilidade e da confusão.

É tempo de buscarmos novamente a liderança do Espírito Santo. O senhorio do ser humano já tem nos cobrado um elevado preço. A vontade intrusiva do homem tem introduzido tamanha multiplicidade de métodos e atividades não bíblicas a ponto de ameaçar a vida da igreja. Como resultado, milhões de dólares são desviados anualmente da verdadeira obra de Deus, e uma grande quantidade de horas de trabalho voluntário dos cristãos é desperdiçada, o que é de partir o coração.

Há outro mal, e pior, que surge dessa da incapacidade básica em compreender a radical diferença entre as naturezas desses dois mundos. É o hábito de "aceitar" languidamente a salvação como se fosse uma questão menor e totalmente sob nosso controle. Os homens são exortados a refletir e a "decidir" por Cristo, sendo que, em alguns lugares, um dia por ano é separado como o "Dia da Decisão", durante o qual espera-se que as pessoas sejam condescendentes e deem a Cristo o direito de salvá-las, direito esse que, obviamente, recusaram ao Senhor até aquele momento. Cristo é, portanto, colocado novamente diante do tribunal dos homens; Ele é posto a esperar pela vontade do indivíduo e, após longa e humilhante espera, Cristo é rejeitado ou condescendentemente aceito. Por total incompreensão da sublime e verdadeira doutrina do livre-arbítrio, a salvação é compreendida como perigosamente dependente da vontade humana em vez da vontade de Deus.

Por mais profundo que seja esse mistério, por mais que envolva inúmeros paradoxos, continua sendo verdadeiro que os homens se tornam santos não mediante os seus próprios impulsos, mas por um soberano chamado. Deus não retirou, por estas palavras, a escolha final de nossas mãos?

> O espírito é o que vivifica; a carne para nada aproveita. [...] Ninguém pode vir a mim se o Pai, que me enviou, não o trouxer. [...] Ninguém poderá vir a mim, se, pelo Pai, não lhe for concedido. [...] Assim como lhe conferiste autoridade sobre toda a carne, a fim de que ele conceda a vida eterna a todos os que lhe deste. [...] Quando, porém, ao que me separou antes de eu nascer e me chamou pela sua graça, aprouve revelar seu Filho em mim (João 6:63, 44, 65; 17:2; Gálatas 1:15,16).

Deus nos criou à sua semelhança, e uma das marcas dessa semelhança é o nosso livre-arbítrio. Ouvimos Deus dizer, "Quem quiser, venha". Sabemos, por amarga experiência, a angústia de uma vontade que ainda não se rendeu, bem como as bem-aventuranças ou o terror que podem depender de nossa escolha humana. Contudo por trás e antes de tudo isso está o direito soberano de Deus de chamar os santos e determinar os destinos humanos. A escolha primária é dele, a secundária é nossa. De nossa parte, a salvação é uma escolha; da parte divina, é uma apropriação, uma apreensão, uma conquista do Deus Altíssimo. *A nossa "aceitação" e "vontade" são reações em vez de ações*. O direito de decisão deve sempre permanecer com Deus.

Deus, de fato, concedeu a cada homem o poder de trancar o seu coração e arrogar-se sombriamente rumo à noite que escolheu para si mesmo, bem como concedeu a cada um a capacidade de responder à sua oferta de graça, mas embora a escolha pelo "não" possa ser nossa, a escolha pelo "sim" é sempre de Deus. Ele é o autor da nossa fé e deve também ser o consumador. Somente pela graça podemos continuar crendo; podemos persistir desejando a vontade de Deus apenas quando somos apossados por um poder benévolo que sobrepujará a nossa tendência natural à descrença.

Nós, seres humanos, apreciamos tão ardentemente o domínio que gostamos de pensar que detemos em nossas próprias mãos o poder da vida ou da morte. Amamos pensar que será mais fácil suportar o inferno pelo fato de estarmos lá por termos desafiado algum poder que tentou nos governar. John Milton, em *Paraíso perdido*, colocou muito bem na boca de Satanás aquele discurso orgulhoso e desafiador:

> Que tem se perder da batalha o campo?
> Tudo não se perdeu; muito inda resta:
> Indômita vontade, ódio constante,
> De atrás vinganças decidido estudo,
> Valor que nunca se submete ou rende
> (Nobre incentivo para obter vitória)
> Honras são que jamais há de extorquir-me
> Do Eterno a ingente força e inteira raiva.

Embora poucos ousem verbalizar os seus sentimentos secretos, há milhões que têm absorvido a noção de que detêm, em suas mãos, as chaves do céu e do inferno. Todo o conteúdo da moderna pregação evangelística contribui para essa atitude. O homem é feito grande, e Deus, pequeno; Cristo é colocado em uma posição que estimula piedade em lugar de respeito, enquanto Ele permanece humildemente, com uma lanterna em mãos, do lado de fora de uma porta coberta de videiras.

Quão profundamente erram os homens que concebem Deus à mercê de nossa vontade humana ou em respeitosa espera por ela. Embora Ele, em amorosa condescendência, possa parecer colocar-se à nossa disposição, jamais, nem por uma fração de segundo, abdicou de seu trono ou anulou o seu direito como Senhor do homem e da natureza. Ele é aquela Majestade nas alturas. A Ele todos os anjos cantam em alta voz, assim como os céus e todo o seu poder; a Ele, querubins e serafins continuamente clamam: "Santo, Santo, Santo, Senhor Deus dos Exércitos, os céus e a terra estão cheios da majestade de tua glória". Ele é o Temor de Isaque e a Veneração de Jacó e, diante dele, profetas, patriarcas e santos ajoelharam-se em assombro e intensa adoração.

O desaparecimento gradual da ideia e do sentimento de majestade no seio da igreja é um sinal e um presságio. A insurreição da mente moderna tem cobrado um alto preço, o qual tem se tornando cada vez mais evidente à medida que os anos passam. Nosso Deus agora tornou-se nosso servo, que fica à espera de nosso arbítrio. Hoje, dizemos "O Senhor é o meu *pastor*", em vez de "O *Senhor* é o meu pastor", e a diferença é tão grande quanto o mundo.

Precisamos ter restaurada novamente a ideia perdida de soberania, não como uma doutrina apenas, mas como a fonte de um sentimento religioso solene. É necessário que o cetro ilusório com o qual fantasiamos governar o mundo seja tomado de nossas mãos mortais. Precisamos reconhecer e estar cientes de que não passamos de pó e cinzas e que Deus é o árbitro dos destinos dos homens. Quão vergonhoso deve ser para nós, cristãos, o fato de sermos ensinados por um rei pagão a temer a Majestade nas alturas, pois foi o castigado Nabucodonosor quem disse:

Mas ao fim daqueles dias, eu, Nabucodonosor, levantei os olhos ao céu, tornou-me a vir o entendimento, e eu bendisse o Altíssimo, e louvei, e glorifiquei ao que vive para sempre, cujo domínio é sempiterno, e cujo reino é de geração em geração. Todos os moradores da terra são por ele reputados em nada; e, segundo a sua vontade, ele opera com o exército do céu e os moradores da terra; não há quem lhe possa deter a mão, nem lhe dizer: "Que fazes?" (Daniel 4:34,35).

Então, o humilhado rei acrescentou: "Tão logo me tornou a vir o entendimento" (4:36). Toda essa passagem pode ser negligenciada, uma vez que ocorre em um dos livros menos populares da Bíblia, mas não é extremamente significativo que *humildade* e *razão* tenham retornado juntas? "Agora, pois, eu, Nabucodonosor, louvo, exalto e glorifico ao Rei do céu, porque todas as suas obras são verdadeiras, e os seus caminhos, justos, e pode humilhar aos que andam na soberba" (4:37). Para o rei, o seu orgulho era como um tipo de insanidade que o levou, por fim, aos campos para habitar com os animais. Enquanto considerou a si mesmo grande e Deus pequeno, ele permaneceu insano; a sanidade somente retornou quando ele começou a ver Deus como tudo e a si mesmo como nada.

Essa loucura moral, que acometeu Nabucodonosor, está agora sobre as nações. Homens de reputado conhecimento cantam há muito tempo com o poeta inglês Swinburne (1837-1909): "Glória ao homem nas alturas", e as massas têm assimilado essa cantilena. Isso tem resultado em uma estranha demência, caracterizada por autoimportância aguda e delírios de grandeza moral. Os homens que se recusam a adorar o verdadeiro Deus, agora, veneram a si mesmos com tenra devoção. Um retorno à sanidade espiritual prescinde de arrependimento e genuína humildade. Deus nos conceda que logo recobremos a consciência de nossa pequenez e pecaminosidade.

4

Vitória pela derrota

"Então, disse: 'Já não te chamarás Jacó, e sim
Israel, pois como príncipe lutaste com Deus e
com os homens e prevaleceste'."

GÊNESIS 32:28

"Mas longe esteja de mim gloriar-me, senão na cruz
de nosso Senhor Jesus Cristo, pela qual o mundo
está crucificado para mim, e eu, para o mundo."

GÁLATAS 6:14

AS EXPERIÊNCIAS DOS HOMENS que caminharam com
Deus em tempos longínquos são unânimes em ensinar
que o Senhor não pode abençoar totalmente um homem
até que, primeiro, Ele o tenha conquistado. O grau da
bênção desfrutada por qualquer homem corresponderá
exatamente à plenitude da vitória de Deus sobre ele. Este
é um princípio do credo cristão largamente negligenciado
e incompreendido por muitos nessa era de autoconfiança,
mas, apesar disso, de vital importância a todos nós. Esse
princípio espiritual encontra-se muito bem ilustrado no
livro de Gênesis.

Jacó era o velho e astuto apanhador de calcanhar cuja
força lhe foi uma fraqueza quase fatal. Por dois terços

de sua vida, ele carregara em sua natureza algo difícil e indomado. Nem a sua gloriosa visão no deserto, nem a sua amarga disciplina em Harã haviam quebrado a sua nociva força. Ele permaneceu no vau de Jaboque na hora do pôr do sol, um sagaz e inteligente mestre de psicologia aplicada aprendera da maneira mais difícil. O retrato apresentado não era belo. Ele era um vaso danificado na moldagem, e sua esperança residia em sua própria derrota. Ele não sabia disso ao pôr do sol, mas aprendera antes do raiar do sol. Durante toda a noite, ele resistiu a Deus até que, em benevolência, Deus tocou a articulação da coxa de Jacó e o venceu. Somente após ter experimentado humilhante derrota é que Jacó começou a sentir a alegria do livramento de sua própria força maligna, o deleite da conquista de Deus sobre ele. Então, ele clamou por bênção e recusou-se a desistir dela até que fosse abençoado. Havia sido uma longa luta, mas para Deus (e por razões conhecidas apenas por Ele) Jacó tinha sido digno do esforço. Agora, ele se tornara um novo homem, o rebelde teimoso e obstinado tornara-se um humilde e honrado amigo de Deus. Jacó prevaleceu, de fato, mas por meio da fraqueza, não da força.

Somente os homens conquistados conhecem a verdadeira bem-aventurança. Isso é filosofia sólida, fundamentada na vida e necessária para a constituição das coisas. Não precisamos aceitar essa verdade cegamente, as razões são acessíveis, entre elas: somos seres criados, e como tal, somos derivados, não autoexistentes. Não nos foi dado ter vida em nós mesmos. Quanto à vida, somos total e continuamente dependentes de Deus, a origem e a fonte de vida. Apenas por meio da plena dependência dele é que as potencialidades de nossa natureza se realizam. Sem isso somos seres humanos pela metade, membros disformes e pouco atraentes de uma raça nobre, outrora feita para refletir a imagem de seu Criador.

Certa feita, nos tempos antigos, o Senhor declarou que o fim de toda a carne havia chegado diante dele, e o passar dos anos não revogou essa sentença. "[...] os que estão na carne não podem agradar a Deus. [...] O pendor da carne é inimizade contra Deus, pois não está sujeito à lei de Deus, nem mesmo pode estar. [...] Porque o pendor da carne dá para a morte" (Romanos 8:8,7,6). Por meio de palavras como essas, Deus tem perpetuado a antiga sentença de condenação. Quer admitamos, quer não, a proximidade da morte está sobre todos nós, e aprendermos a confiar nele, que ressuscita os mortos, e não em nós mesmos, é uma sabedoria salvadora. Pois, como ousamos depositar a nossa confiança em algo tão efêmero, tão fugaz como a vida humana?

> O homem sábio, eu afirmo, não pode encontrar descanso
> Naquilo que perece: nem emprestará
> Seu coração a qualquer coisa que do tempo dependa.

Essas palavras vieram a nós do século 16 e, em nossos momentos de silenciosa sabedoria, sentimos e sabemos que são verdadeiras. Por que, então, colocamos a nossa confiança em coisas que perecem e nos tornamos joguetes do tempo e tolos em relação à mudança? Quem envenenou o nosso cálice e nos transformou em rebeldes? Aquela antiga serpente, o diabo, quem primeiro nos seduziu a fazer aquela declaração de independência, afirmação essa que, considerando-se as circunstâncias, é tanto cômica como profundamente trágica. O nosso inimigo deve rir diante da incrível vaidade que nos levou a medir forças com o Todo--poderoso. Essa é a comédia cínica de tudo isso; a tragédia é seguida de lágrimas e tristezas ao lado de cada túmulo.

Uma pequena familiaridade com o nosso próprio coração nos obrigará a reconhecer que não há esperança em nosso interior, e o mais breve olhar em derredor nos mostra que não devemos esperar nenhuma ajuda exterior. A própria natureza nos ensinará que (à parte de Deus) somos apenas órfãos da criação, crianças perdidas em lugares amplos, impotentes e presos em meio ao turbilhão de forças grandes demais para as compreendermos. Avança por este mundo, com seu rugido, um poder imenso e invisível, deixando em seu rastro gerações, cidades e civilizações. A Terra, nosso efêmero lar, nos oferece, por fim, apenas um túmulo. Reservado a nós, não há nada seguro, nada gentil. No Senhor há misericórdia, mas não no mundo, pois a natureza e a vida movem-se como que indiferentes ao bem e ao mal, à dor ou à tristeza humanas.

Foi para salvar Jacó da enganosa esperança que Deus o confrontou naquela noite, às margens do rio. Para salvá-lo da autoconfiança foi preciso que Deus o conquistasse, que removesse o controle de Jacó sobre si mesmo, que usasse o seu grande poder e governasse com uma vara de amor. Charles Wesley, o doce cantor da Inglaterra, com rara profundidade espiritual, mesmo entre cristãos maduros, escreveu dos lábios de Jacó o que concebeu como a sua oração enquanto ele lutava com Deus, no vau do Jaboque:

Depressa cede, fraco estou,
Mas confiante a desejar

Que fales ao meu coração,
Que Te conquiste o meu rogar;
Sim, fala; ou não irás, Senhor,
Diz-me: Teu nome é Amor?

Embora manco, subjuguei
Inferno, Terra e pecar.
De gozo salto, em frente irei,
Qual corça, montes vou galgar,
Provar pra sempre, ó Senhor,
Que o Teu nome é Amor.

Fazemos bem em orar para Deus apossar-se de nós e nos conquistar, pois até que Ele o faça, permaneceremos sob perigo de milhares de inimigos. Carregamos dentro de nós sementes de nossa própria decadência. Nossa imprudência moral nos coloca sempre em perigo de autodestruição acidental ou negligente. A força de nossa carne é um perigo sempre presente para as nossas almas. A libertação só se efetivará em nós mediante a derrota de nossa velha vida. Desfrutaremos de segurança e paz somente após sermos forçados a cair de joelhos. Deus nos resgata quebrantando-nos, esmiuçando a nossa força e eliminando a nossa resistência. Então, Ele invade a nossa natureza com aquela antiga e eterna vida que vem do princípio. Assim, Ele nos conquista e, por meio dessa conquista benigna, Deus nos salva para si.

Com esse segredo revelado, aguardando por uma fácil descoberta, por que nós, em quase todas as nossas atividades frenéticas, fazemos o oposto? Por que construímos a nossa igreja sobre a carne humana? Por que atribuímos tanta importância àquilo que o Senhor há muito repudiou e desprezamos as coisas pelas quais Ele tem elevada estima? Pois ensinamos as pessoas a não morrerem com Cristo, a viverem na força de sua humanidade finita. Nos orgulhamos de nossa força, não de nossa fraqueza. Valores que Cristo declarou serem falsos são trazidos de volta ao seio da igreja e promovidos como a própria vida e substância do modo cristão. Quão avidamente buscamos a aprovação desta ou daquela pessoa de reputação mundana. Quão vergonhosamente tiramos proveito da celebridade convertida. Qualquer um fará o que for necessário para retirar a opróbrio da obscuridade dos nossos líderes ávidos por publicidade: atletas famosos, parlamentares, viajantes mundiais, empresários bem-sucedidos; diante deles nos curvamos com sorrisos subservientes, honrando-os nas nossas reuniões públicas e na imprensa religiosa. Portanto, glorificamos homens para fortalecer a posição da igreja de Deus, e a glória do Príncipe da Vida é usada para destacar a fama transitória de homens mortais.

É incrível como podemos declarar ser seguidores de Cristo e, não obstante, dar tão pouca consideração às palavras de seus servos. Não agiríamos desse modo se considerássemos com seriedade a admoestação de Tiago, servo de Deus:

> Meus irmãos, não tenhais a fé em nosso Senhor Jesus Cristo, Senhor da glória, em acepção de pessoas. Se, portanto, entrar na vossa sinagoga algum homem com anéis de ouro nos dedos, em trajos de luxo, e entrar também algum pobre andrajoso, e tratardes com deferência o que tem os trajos de luxo e lhe disserdes: "Tu, assenta-te aqui em

lugar de honra"; e disserdes ao pobre: "Tu, fica ali em pé ou assenta-te aqui abaixo do estrado dos meus pés", não fizestes distinção entre vós mesmos e não vos tornastes juízes tomados de perversos pensamentos? Ouvi, meus amados irmãos. Não escolheu Deus os que para o mundo são pobres, para serem ricos em fé e herdeiros do reino que ele prometeu aos que o amam? (Tiago 2:1-5).

Paulo via essas coisas sob uma luz diferente daqueles a quem Tiago direciona a sua advertência. Ele escreveu: "[...] longe esteja de mim gloriar-me, senão na cruz de nosso Senhor Jesus Cristo, pela qual o mundo está crucificado para mim, e eu, para o mundo" (Gálatas 6:14). A cruz em que Jesus morreu tornou-se também a cruz em que o seu apóstolo morreu. A perda, a rejeição, a vergonha pertencem tanto a Cristo quanto àqueles que, em verdade, são dele. A cruz que os salva também os mata, e tudo o que for menos que isso não é uma fé genuína, mas uma pseudocrença. Todavia quem somos nós para dizer algo quando a maioria de nossos líderes evangélicos caminha não como homens crucificados, mas como quem aceita o mundo com o seu próprio valor, rejeitando apenas seus elementos mais grosseiros? Como podemos olhar para Jesus Cristo, que foi crucificado e morto, ao vermos os seus seguidores sendo aceitos e elogiados? Entretanto, eles pregam a cruz e protestam em alta voz que são crentes verdadeiros. Existe, então, duas cruzes? Paulo quis dizer uma coisa e eles dizem outra? Receio que a resposta seja essa, que há duas cruzes, a antiga cruz e a nova.

Tendo em mente as minhas próprias e profundas imperfeições, devo pensar e falar com tolerância a todos que tomam para si o Nome digno pelo qual nós, cristãos, somos chamados. Contudo, se vejo as coisas corretamente, a cruz do evangelismo popular não é a cruz do Novo Testamento. É, em vez disso, um novo e brilhante ornamento sobre o peito de um cristianismo autoconfiante e carnal, cujas mãos são, de fato, as mãos de Abel, mas cuja voz é a voz de Caim. A antiga cruz mata os homens; a nova cruz os entretém. A antiga cruz os condena; a nova cruz os diverte. A antiga cruz destruiu a confiança na carne ; a nova cruz a encoraja. A antiga cruz trouxe lágrimas e sangue; a nova cruz traz risos. A carne, sorridente e confiante, prega e canta sobre a cruz, diante dela se curva e para ela aponta com uma teatralidade cuidadosamente encenada, mas sobre aquela cruz não morrerá, e a vergonha dessa cruz, obstinadamente, recusa-se a suportar.

Conheço bem quantos argumentos agradáveis podem ser apresentados em defesa da nova cruz. A nova cruz não conquista convertidos e consegue muitos seguidores, trazendo, assim, a vantagem do sucesso numérico? Não deveríamos nos ajustar às mudanças dessa geração? Nunca ouvimos o novo lema "novos tempos, novos métodos"? E quem, exceto alguém idoso e muito conservador, insistiria na morte como o caminho indicado para a vida? E quem, nos dias atuais, está interessado em um misticismo deprimente que sentencia a sua carne a uma cruz e recomenda uma humildade modesta como virtude a ser praticada pelos cristãos modernos? Esses são os argumentos, juntamente com muitos outros igualmente frívolos, apresentados para dar uma aparência de sabedoria à cruz oca e sem sentido do cristianismo popular.

Certamente, há muitos cujos olhos estão abertos para a tragédia de nossos tempos, mas por que estão tão silenciosos quando o seu testemunho é tão necessário? No nome de Cristo, os homens têm esvaziado a sua cruz. "Não é alarido dos vencedores nem alarido dos vencidos, mas alarido dos que cantam é o que ouço" (Êxodo 32:18). Os homens moldaram uma cruz de ouro com uma ferramenta de gravação, e diante dela assentam-se para comer e beber, e levantam-se para folgar. Em sua cegueira, substituíram a ação do poder de Deus pelo trabalho de suas próprias mãos. Talvez a nossa maior necessidade atual seja a chegada de um profeta que arremesse as tábuas da lei ao pé do monte e conclame a igreja ao arrependimento ou ao julgamento.

Perante todos os que desejam seguir a Cristo, o caminho está claro. É o caminho da morte que leva à vida. A vida sempre está além da morte e acena ao homem enfermo de si mesmo a vir e conhecer a vida mais abundante. Contudo, para alcançar a nova vida ele tem que passar pelo vale da sombra da morte, e sei que muitos, ao som dessas palavras, darão meia volta e não mais seguirão a Cristo. Mas, "Senhor, para quem iremos? Tu tens as palavras da vida eterna" (João 6:68).

É possível haver alguns seguidores bem-intencionados que talvez recuem por não conseguirem aceitar a conotação mórbida que a cruz parece carregar. Eles são amantes do sol e acham difícil pensar em viver incessantemente sob as sombras. Não querem habitar com a morte, nem viver para sempre em uma atmosfera de morte. E o instinto deles é sensato. A igreja tem sido associada em demasia a cenas de leito de morte, cemitérios e túmulos. O cheiro mofado das igrejas, o lento e solene passo do ministro, o silêncio submisso dos adoradores e o fato de muitos entrarem em uma igreja somente quando precisam prestar as suas últimas homenagens a parentes e amigos mortos, tudo isso, em conjunto, tem fomentado a noção de que a religião é algo a ser temido e, como uma cirurgia importante, ser sofrido apenas por aqueles que estão em uma crise. Tudo isso não é a religião da cruz, mas uma grosseira paródia dela. O cristianismo do cemitério, embora nem sempre remotamente relacionado à doutrina da cruz, pode ser parcialmente responsabilizado pelo surgimento da nova e alegre cruz de nossos dias. Os homens anseiam pela vida, mas quando são informados de que a vida vem pela cruz, não conseguem entender como isso pode ocorrer, pois aprenderam a associar a cruz a imagens típicas como placas memoriais, templos mal iluminados e heras. Dessa forma, a verdadeira mensagem da cruz é rejeitada por eles, e, com ela, rejeitam também a única esperança de vida dada a conhecer aos filhos do homem.

A verdade é que Deus jamais planejou que seus filhos vivessem para sempre presos a uma cruz. O próprio Cristo suportou a cruz por seis horas apenas. Quando a cruz completou o trabalho que lhe cabia, a vida entrou e tomou conta. "Pelo que também Deus o exaltou sobremaneira e lhe deu o nome que está acima de todo nome" (Filipenses 2:9).

Sua jubilosa ressurreição seguiu-se à sua triste crucificação. Mas era preciso que a crucificação viesse antes da ressurreição. A vida que hesita diante da cruz nada mais é do que fugidia e condenada, destinada, por fim, a ser perdida sem possibilidade de recuperação. A vida que vai à cruz e se perde lá para ser vivificada novamente com Cristo, é um tesouro divino e imortal. Sobre essa vida, a morte não exerce mais domínio algum. Todo aquele que se recusa a trazer a sua velha vida à cruz, na verdade, está tentando enganar a morte, e não importa quão arduamente lute contra ela, ainda assim, está destinado a perder sua vida, por fim. O homem que toma a sua cruz e segue a Cristo, logo descobrirá que a sua direção o leva para *longe* do sepulcro. Ele deixou a morte para trás e adiante há uma jubilosa e abundante vida. Seus dias serão marcados, a partir de então, não pela melancolia eclesiástica, pelo cemitério, pelo tom oco, pelo manto negro (que nada mais são do que a mortalha de uma igreja morta), mas por uma "alegria indizível e cheia de glória" (1Pedro 1:8).

A fé genuína deve sempre significar mais que uma aceitação passiva. Significa nada menos do que entregar a nossa condenada vida adâmica a um fim misericordioso na cruz. Isto é, ganhamos a justa sentença de Deus contra nossa carne maligna e admitimos o seu direito a dar um fim à sua desagradável carreira. Consideramo-nos crucificados juntamente com Cristo e ressuscitados em novidade de vida. Onde essa fé está, Deus sempre agirá conforme reconheçamos esse fato. Então, inicia-se a divina conquista de nossas vidas. Deus realiza isso por meio de uma eficiente apreensão, uma aguda, porém amorosa, invasão de nossa natureza. Quando tiver subjugado a nossa resistência, Deus nos amarra com cordas de amor e nos atrai para si. Lá, "desfalecidos com sua amabilidade", nós nos prostramos agradecidos, glorificando a Deus pela abençoada conquista. Lá, com a sanidade moral restaurada, erguemos nossos olhos e bendizemos o Supremo Deus. Então, avançamos em fé para conquistar aquilo para o qual fomos primeiramente conquistados por Deus.

"Graças te dou, ó Pai, Senhor do céu e da terra, porque ocultaste estas coisas aos sábios e instruídos e as revelaste aos pequeninos. Sim, ó Pai, porque assim foi do teu agrado" (Lucas 10:21).

5

O Esquecido

"O Consolador, o Espírito Santo."

João 14:26

AO NEGLIGENCIAREM OU NEGAREM a divindade de Cristo, os liberais têm cometido um trágico erro, pois isso lhes deixa com um Cristo imperfeito, cuja morte foi um mero martírio e cuja ressurreição é um mito. Aqueles que seguem um salvador meramente humano não seguem salvador algum, mas apenas um ideal, que nada pode fazer a não ser zombar de suas fraquezas e seus pecados. Se o filho de Maria não era o filho de Deus, em um sentido que nenhum outro homem é, então não pode mais haver esperança para a raça humana. Se Ele, que chamou a si mesmo de Luz do Mundo, foi somente uma tocha trêmula e vacilante, então a escuridão que envolve como mortalha a terra está aqui para ficar. Os assim chamados líderes cristãos dão de ombros, mas tal atitude não os exime da responsabilidade em relação às almas de seus rebanhos. Deus lhes pedirá contas pelo dano causado aos símplices que confiaram neles como guias espirituais.

Por mais condenáveis que sejam os atos dos liberais por negarem a divindade de Cristo, aqueles de nós que têm orgulho de nossa ortodoxia não devem permitir que a nossa indignação nos prive de ver as nossas próprias deficiências. Certamente, não é hora para auto-congratulações, pois também temos, em anos recentes, cometido um erro dispendioso na religião, o qual traça um paralelo muito próximo ao erro dos liberais. Nosso equívoco (ou devo dizer francamente, "nosso pecado"?) tem sido o de negligenciar a doutrina do Espírito a ponto de basicamente negar o lugar que lhe é devido na divindade. Essa negação não tem sido por meio de uma declaração doutrinária, pois temos nos apegado o bastante à posição bíblica no que diz respeito aos nossos pronunciamentos de credo. O nosso credo formal é sólido; *a ruptura está em nosso credo prático.*

Não se trata de uma distinção insignificante. Uma doutrina possui valor prático somente quando é predominante em nossos pensamentos e influencia a nossa vida. Por esse teste, a doutrina do Espírito Santo, como defendida pelos cristãos evangélicos de hoje, quase não possui nenhum valor prático. Na maioria das igrejas cristãs, o Espírito é praticamente negligenciado. Quer esteja presente, quer ausente, isso não faz diferença a ninguém. Uma breve menção lhe é feita na doxologia e na bênção apostólica. À parte disso, o Espírito quase inexiste. Ignoramos o Espírito de tal maneira que podemos ser chamados de trinitaristas apenas por cortesia. A doutrina cristã da Trindade ousadamente declara a igualdade das três Pessoas e o direito do Espírito de ser adorado e glorificado. Tudo o que for menos que isso, não é trinitarismo.

Nossa negligência quanto à doutrina da bendita Terceira Pessoa causou e tem causado sérias consequências, pois doutrina é dinamite. Ela deve ter uma ênfase suficientemente nítida para ser detonada antes de seu poder ser liberado. Falhando essa detonação, ela pode permanecer dormente, sem efeito, no fundo de nossa mente pelo resto de nossa vida. A doutrina do Espírito é dinamite enterrada. Seu poder aguarda ser descoberto e usado pela igreja. O poder do Espírito não será concedido a ninguém alheio à verdade pneumatológica. O Espírito Santo não se importa, de modo algum, se o mencionamos em nosso credo ou no verso de nossos hinários. Ele aguarda a nossa *ênfase*. Quando Ele adentrar o pensamento dos que ensinam, adentrará a expectativa dos ouvintes. Quando o Espírito Santo deixar de ser incidental, tornando-se, uma vez mais, fundamental, seu poder será afirmado, uma vez mais, entre as pessoas que se autodenominam cristãs.

A ideia do Espírito, defendida pelo membro comum da igreja, é tão vaga a ponto de poder ser considerada inexistente. Ao pensar sobre o assunto, o mais provável é que ele tente imaginar uma nebulosa substância como uma fumaça invisível, que é dita como presente nas igrejas, e pairando sobre pessoas boas à beira da morte. Sinceramente, ele não acredita nisso, mas deseja crer em algo. Contudo, não se sentindo disposto à tarefa de examinar a verdade à luz das Escrituras, o homem compromete-se a crer no Espírito desde que este permaneça o mais distante possível do centro de sua vida, impedindo que faça qualquer diferença em tudo o que o afete, na prática. Essa descrição abrange um surpreendente e grande número de pessoas sérias que sinceramente tentam ser cristãs.

Agora, como deveríamos pensar no Espírito? Uma resposta completa poderia demandar vários volumes. O melhor que podemos fazer é apenas apontar para a "graciosa unção do alto" e esperar que o próprio desejo do leitor possa estimulá-lo a conhecer a bendita Terceira Pessoa por si mesmo.

Se eu lesse corretamente o registro da experiência cristã ao longo dos anos, veria que os que mais desfrutaram do poder do Espírito são os que menos têm a falar sobre Ele por meio de uma definição intencional. Os santos da Bíblia, que caminharam no Espírito, jamais tentaram explicá-lo. Nos tempos pós-bíblicos, muitos que foram cheios e dotados pelo Espírito foram, pelas limitações de seus talentos literários, impedidos de nos revelar muito sobre Ele. Esses escritores não possuíam dons de autoanálise, mas viviam em uma simplicidade interior inquestionável. Para eles, o Espírito deveria ser amado e deveríamos nos relacionar com Ele da mesma forma que o fazemos com o próprio Senhor Jesus. Eles se perderiam totalmente em qualquer discussão metafísica sobre a natureza do Espírito, mas não teriam problema algum em clamar pelo poder do Espírito para terem uma vida santa e um serviço frutífero.

Isso é como deveria ser. A experiência pessoal deve sempre ser prioritária na vida real. O mais importante é que experimentamos a realidade pelo método mais curto e direto. Uma criança pode alimentar-se de uma comida nutritiva sem conhecer nada sobre química ou nutrição. Um rapaz do campo pode conhecer as delícias de um amor puro sem jamais ter ouvido sobre Sigmund Freud ou Havelock Ellis.[1] O conhecimento pela familiaridade é sempre melhor do que o mero conhecimento pela descrição, sendo que o primeiro não pressupõe o segundo nem o implica.

---

[1] [N. do T.] Médico inglês (1859-1939) que escreveu os sete volumes de *Studies in the Psychology of Sex* [Estudos na psicologia do sexo].

Na religião, mais do que em qualquer outro campo da experiência humana, uma contundente distinção deve sempre ser feita entre *conhecer a respeito* e *conhecer*. A distinção é a mesma entre conhecer sobre alimentos e comê-los de verdade. Um homem pode morrer de inanição mesmo conhecendo tudo sobre pães, da mesma forma que um homem pode permanecer espiritualmente morto embora conheça todos os fatos históricos sobre o cristianismo. "E a vida eterna é esta: que te conheçam a ti, o único Deus verdadeiro, e a Jesus Cristo, a quem enviaste" (João 17:3). Temos apenas que adicionar uma palavra extra nesse versículo para ver quão imensa é a diferença entre conhecer a respeito e conhecer. "E a vida eterna é esta: que conheçam *sobre* ti, o único Deus verdadeiro, e a Jesus Cristo, a quem enviaste". Essa única palavra faz toda a diferença entre vida e morte, pois ela atinge a própria raiz do versículo e altera sua teologia de forma radical e vital.

Por tudo isso, não devemos subestimar a importância do mero conhecimento a respeito. Seu valor reside em sua capacidade de despertar em nós o desejo de conhecer em uma experiência real. Portanto, o conhecimento pela descrição pode conduzir ao conhecimento por familiaridade. *Pode* conduzir, eu disse, mas não necessariamente o fará. Assim, não ousamos concluir que, pelo fato de conhecermos a respeito do Espírito, e só por essa razão, nós o conhecemos de fato e de verdade. Conhecer o Espírito resulta apenas de um encontro pessoal com o próprio Espírito Santo.

Como devemos pensar sobre o Espírito? Muito pode ser aprendido sobre o Espírito Santo a partir da própria palavra *espírito*. Essa palavra significa existência em um nível acima e além da matéria; significa vida subsistindo em outro modo. O espírito é uma substância que não tem peso, dimensão, tamanho e nem extensão no espaço. Essas qualidades pertencem à matéria e não podem ser aplicadas ao espírito. Não obstante, o espírito possui um ser verdadeiro e é objetivamente real. Se é difícil visualizar isso, simplesmente deixe passar, pois no melhor caso é uma desajeitada tentativa de a mente compreender o que está acima de seu poder. E, não há nenhum dano se, em nosso pensamento sobre o Espírito, formos obrigados, pelas limitações de nosso intelecto, a vesti-lo com alguma forma material familiar.

Como devemos pensar sobre o Espírito? A Bíblia e a teologia cristã concordam com o ensino de que Ele é uma Pessoa, dotado de todas as qualidades de personalidade, como emoção, inteligência e vontade. Ele conhece, deseja, ama, sente afeição, empatia e compaixão. O Espírito sente, vê, ouve, fala e realiza qualquer ato de que a personalidade é capaz.

Uma qualidade pertencente ao Espírito Santo, de grande importância a todo coração que busca, é a perscrutabilidade. Ele pode perscrutar a mente e pode perscrutar outro espírito, como o humano. Ele pode perscrutar completamente e realizar uma verdadeira amálgama com o espírito humano. Ele pode invadir o coração do homem e ali fazer morada sem expulsar nada essencialmente humano. A integridade da personalidade humana permanece inalterada. Apenas o mal moral é forçado a sair.

O problema metafísico aqui envolvido não pode ser evitado nem resolvido. Como pode uma personalidade entrar em outra? A resposta sincera seria simplesmente que não sabemos, mas podemos nos aproximar da compreensão por meio de uma analogia simples, emprestada de antigos escritores devocionais de várias centenas de séculos atrás. Colocamos um pedaço de ferro no fogo e sopramos as brasas. A princípio, temos duas substâncias distintas, ferro e fogo. Quando inserimos o ferro no fogo, atingimos o ponto de fusão do ferro, e não temos apenas o ferro no fogo, mas também o fogo no ferro. São duas substâncias distintas, mas que se misturaram e se articularam reciprocamente até um ponto em que as duas tornaram-se uma.

De alguma maneira, o Espírito perscruta nossos espíritos. Durante toda a experiência, permanecemos os mesmos. Não há destruição de substância. Cada qual permanece um ser distinto como antes; a diferença é que agora o Espírito perscruta e preenche a nossa personalidade e isso significa sermos *experiencialmente um com Deus*.

Como devemos pensar sobre o Espírito? A Bíblia declara que Ele é Deus. Toda qualidade pertencente ao Todo-poderoso é abertamente atribuída a Ele. Tudo o que Deus é, declara-se o mesmo do Espírito. O Espírito de Deus é um com Deus e igual a Ele, assim como o espírito de um homem é um com o homem e igual a ele. Isso é tão claramente ensinado nas Escrituras que podemos, sem perder o argumento, omitir a formalidade de textos comprobatórios. O leitor mais casual terá descoberto por si mesmo.

A igreja histórica, ao formular a sua "regra de fé", ousadamente escreveu em sua confissão a crença na divindade do Espírito Santo. O Credo dos Apóstolos testifica a fé no Pai, no Filho e no Espírito Santo, não fazendo qualquer distinção entre Eles. Os pais que elaboraram o Credo Niceno testificaram, em uma passagem de grande beleza, a sua fé na deidade do Espírito: "Creio no Espírito Santo, Senhor que dá a vida, e procede do Pai e do Filho; e com o Pai e o Filho é adorado e glorificado".

A controvérsia ariana do quarto século compeliu os pais da igreja a declararem as suas crenças com maior clareza que antes. Entre os textos importantes surgidos naquele tempo está o Credo de Atanásio. Quem o compôs pouco importa para nós agora. Esse texto foi escrito como uma tentativa de declarar, com o menor número de palavras possível, o que a Bíblia ensina sobre a natureza de Deus, e isso foi feito com uma abrangência e precisão raramente igualadas em parte alguma na literatura mundial. Aqui estão algumas citações sobre a divindade do Espírito Santo:

> Porque a pessoa do Pai é uma, a do Filho é outra, e a do Espírito Santo outra. Mas no Pai, no Filho e no Espírito Santo há uma mesma divindade, igual em glória e coeterna majestade.
>
> E nessa Trindade nenhum é primeiro ou último, nenhum é maior ou menor.
>
> Mas todas as três pessoas coeternas são coiguais entre si; de modo que em tudo o que foi dito acima, tanto a unidade em trindade como a trindade em unidade devem ser cultuadas.

Em sua hinologia sacra, a igreja tem abertamente reconhecido a divindade do Espírito e, em suas inspiradas canções de louvor, Ele é adorado com jubilosa entrega. Alguns de nossos hinos ao Espírito tornaram-se tão conhecidos que tendemos a perder o verdadeiro significado deles devido à grande familiaridade. Como exemplos, citamos "Ó Senhor, tu és a luz"; outro, mais recente, é, "Sopra em nós, Senhor", bem como muitos outros. Tais hinos, com frequência, têm sido entoados por tantas pessoas que ainda não tiveram o conhecimento experiencial de seu conteúdo que, para a maioria de nós, tornaram-se inexpressivos.

Nos trabalhos poéticos de Frederick Faber eu descobri um hino ao Espírito Santo que classifico como um dos mais sublimes já escritos, mas pelo que sei, o texto não recebeu uma música, ou, se isso aconteceu, não é cantado hoje em nenhuma igreja que eu conheça. A razão pode estar no fato de o texto personificar uma experiência pessoal com o Espírito Santo tão profunda, tão íntima, tão intensa que não encontra correspondência nos corações dos adoradores do evangelicalismo de nossos dias? Menciono aqui três estrofes:

> Fonte de amor!
> Tu mesmo, Deus verdadeiro!
> Que por dias eternos
> Do Pai e do Filho
> Tens fluído
> De maneiras não criadas.

> Temo a ti, Amor infinito!
> Deus verdadeiro! Fonte de graça singular!
> E agora, diante de teu trono bendito
> Meu pecaminoso eu vem se humilhar.

> Ó Luz! Ó Amor! Ó próprio Deus
> Não ouso mais olhar
> Para os maravilhosos atributos teus
> E teu misterioso trilhar.

Essas linhas possuem tudo para compor um grande hino; teologia sólida, estrutura suave, beleza lírica, elevada compressão de ideias profundas e uma grande carga de sentimentos religiosos elevados. No entanto, elas estão em completo esquecimento. Creio que um poderoso ressurgimento do poder do Espírito entre nós abrirá novamente os poços de hinos há muito esquecidos. A canção jamais pode trazer o Espírito Santo, mas o Espírito Santo, invariavelmente, traz a canção.

O que temos na doutrina cristã do Espírito Santo é a divindade presente entre nós. Ele não é apenas o mensageiro de Deus, mas *Ele é Deus* em contato com suas criaturas, realizando nelas e entre elas uma obra salvadora e renovadora.

As Pessoas da Trindade jamais trabalham separadamente. Não ousamos pensar nelas de modo a "dividir a substância". Todo ato de Deus é feito pelas três Pessoas. Deus jamais está presente em um lugar sem a presença das outras duas. Deus não pode dividir-se. Onde o Espírito está, lá estão o Pai e o Filho. "[...] viremos para ele e faremos nele morada" (João 14:23). Para a realização de alguma obra específica, uma Pessoa pode, por um tempo, ser mais proeminente que as demais, porém nunca essa Pessoa está sozinha. Deus está com a Trindade onde quer que esteja presente.

Para a reverente questão, "Como Deus é?", uma resposta adequada sempre será: "Ele é como Cristo". Pois Cristo é Deus, e o Homem que andou entre nós, na Palestina, era Deus agindo como Ele mesmo na situação familiar em que a sua encarnação o colocou. Para a pergunta "Como o Espírito é?", a resposta sempre deve ser: "Ele é como Cristo". Pois o Espírito é a essência do Pai e do Filho. Como nos sentimos em relação a Cristo e ao nosso Pai que está no céu, assim devemos nos sentir em relação ao Espírito do Pai e do Filho.

O Espírito Santo é o Espírito de vida, de luz e de amor. Em sua natureza não criada, Ele é um ilimitado oceano de fogo, fluindo, em movimento constante, operando à medida que move os eternos propósitos de Deus. Com respeito à natureza, Ele realiza um tipo de trabalho, com relação ao mundo, outro, e no tocante à igreja, ainda outro. E cada ato seu está em conformidade com a vontade do Deus Trino. Ele jamais efetua um ato por impulso, nem por uma decisão apressada ou arbitrária. Por ser o Espírito do Pai, Ele sente por seu povo exatamente o que o Pai sente, de modo que não deve haver, de nossa parte, qualquer sensação de estranheza em sua presença. Ele sempre agirá como Jesus, com compaixão pelos pecadores, com terna afeição pelos santos, com a mais piedosa e amorosa ternura em relação ao sofrimento humano.

É tempo de nos arrependermos, pois nossas transgressões contra a bendita Terceira Pessoa têm sido muitas e graves. Amargamente, temos maltratado o Espírito na casa daqueles que são amigos dele, o temos sacrificado em seu próprio templo, assim como eles crucificaram o Filho Eterno no monte em Jerusalém. E os pregos que usamos não são de ferro, mas do mais fino e precioso material com o qual a vida é feita. De nosso coração, extraímos os refinados metais da vontade, do sentimento e do pensamento, e com eles fabricamos os pregos da suspeita, da rebelião e da negligência. Por meio de pensamentos indignos sobre Ele e atitudes pouco amistosas, o entristecemos e o extinguimos por dias sem fim.

O arrependimento mais genuíno e aceitável é mudar os atos dos quais nos arrependemos. Mil anos de remorso por uma ação não agradariam a Deus tanto quanto uma mudança de conduta e uma vida renovada. "Deixe o perverso o seu caminho, o iníquo, os seus pensamentos; converta-se ao Senhor, que se compadecerá dele, e volte-se para o nosso Deus, porque é rico em perdoar" (Isaías 55:7).

A melhor maneira de repararmos nossa negligência é não o negligenciar mais. Vamos começar a pensar no Espírito como alguém que deve ser adorado e obedecido. Entreguemos a Ele cada espaço no templo do nosso coração, insistindo para que entre e seja Senhor e Mestre dentro de sua própria morada. Lembremo-nos de que Ele é atraído para o doce nome de Jesus como abelhas são atraídas pela fragrância da flor. Onde Cristo é honrado, com certeza o Espírito se sentirá bem-vindo; onde Cristo é glorificado, o Espírito se moverá à vontade com liberdade e satisfação.

6

A iluminação do Espírito

"Respondeu João: "O homem não pode receber coisa alguma se do céu não lhe for dada.""

João 3:27

Aqui, nessa breve sentença, está a esperança e o desespero da humanidade. "O homem não pode receber coisa alguma." Pelo contexto conhecido, sabemos que João está falando da verdade espiritual. O apóstolo está nos dizendo que há um tipo de verdade que jamais poderá ser compreendida pelo intelecto, pois o intelecto existe para a apreensão de ideias, e essa verdade não consiste em ideias, mas em vida. A verdade divina é da natureza do espírito e, por essa razão, pode ser recebida apenas por revelação espiritual; "se do céu não lhe for dada".

Essa não era uma nova doutrina exposta aqui por João, mas um avanço em relação à verdade já ensinada no Antigo Testamento. O profeta Isaías, por exemplo, escreveu esta passagem:

> Porque os meus pensamentos não são os vossos pensamentos, nem os vossos caminhos, os meus caminhos, diz o Senhor, porque, assim como os céus são mais altos do que

a terra, assim são os meus caminhos mais altos do que os vossos caminhos, e os meus pensamentos, mais altos do que os vossos pensamentos (Isaías 55:8,9).

Talvez, para os seus leitores, isso queria dizer somente que os pensamentos de Deus eram mais elevados, e seus caminhos eram tão elevados e acima dos nossos como seriam os caminhos daquele cuja sabedoria é infinita e cujo poder não conhece limites. Agora, João explica, de modo suficientemente claro, que os pensamentos de Deus não são apenas maiores que os nossos, mas que os pensamentos divinos pertencem ao mundo do espírito, enquanto o dos homens, ao mundo do intelecto. E, embora o espírito possa envolver o intelecto humano, este não consegue compreender o primeiro. Os pensamentos humanos não podem perscrutar os pensamentos divinos. "Quão insondáveis são os seus juízos, e quão inescrutáveis, os seus caminhos!" (Romanos 11:33).

Deu criou o homem à sua própria imagem e colocou em seu interior um instrumento por meio do qual ele poderia conhecer coisas espirituais. Quando o homem pecou, aquele instrumento morreu. "Mortos nos vossos delitos e pecados" (Efésios 2:1) não é uma descrição do corpo ou mesmo do intelecto, mas do instrumento do conhecimento de Deus no seio da alma humana. Agora, os homens são forçados a depender de outro órgão inferior e, além disso, totalmente inadequado ao propósito. Refiro-me, claro, à mente como a sede de seus poderes relativos à razão e à compreensão.

O homem, pela razão, não é capaz de conhecer Deus, mas apenas *conhecer sobre* Deus. Alguns fatos sobre Deus podem ser descobertos à luz da razão humana.

[...] o que de Deus se pode conhecer é manifesto entre eles, porque Deus lhes manifestou. Porque os atributos invisíveis de Deus, assim o seu eterno poder, como também a sua própria divindade, claramente se reconhecem, desde o princípio do mundo, sendo percebidos por meio das coisas que foram criadas. Tais homens são, por isso, indesculpáveis (Romanos 1:19,20).

Por meio da luz da natureza, a razão moral do homem pode ser iluminada, mas os mistérios mais profundos de Deus permanecem ocultos ao ser humano, até que ele receba a iluminação do alto. "Ora, o homem natural não aceita as coisas do Espírito de Deus, porque lhe são loucura; e não pode entendê-las, porque elas se discernem espiritualmente" (1Coríntios 2:14).

Quando o Espírito ilumina o coração, uma parte do homem vê o que jamais viu antes; uma parte dele passa a conhecer o que nunca conheceu antes, e com um tipo de conhecimento que o mais sagaz pensador não consegue reproduzir. O que esse homem conhece, agora, de um modo profundo e incontestável, não necessita de qualquer prova racional. Sua experiência de conhecimento está acima da razão, sendo imediata, perfeitamente convincente e intimamente satisfatória.

"O homem não pode receber coisa alguma." Esse é o refrão da Bíblia. Seja qual for o pensamento concebido pela razão humana, Deus a vê com desprezo. "Onde está o sábio? Onde, o escriba? Onde, o inquiridor deste século? Porventura, não tornou Deus louca a sabedoria do mundo?" (1Coríntios 1:20). A razão humana é um instrumento excelente e útil dentro de seu domínio. É um dom divino, e Deus

76 / PEREGRINOS DA ETERNIDADE

não hesita em apelar a ela, como quando Ele clama a Israel: "Vinde, pois, e arrazoemos, diz o SENHOR" (Isaías 1:18). A incapacidade da razão humana, como órgão de conhecimento divino, resulta não de nossa própria fraqueza, mas da inadequação a essa tarefa por sua própria natureza. Ela não nos foi dada como um órgão pelo qual se conhece Deus.

A doutrina da incapacidade da mente humana e da necessidade de iluminação divina é tão plenamente desenvolvida no Novo Testamento que chega a ser surpreendente o quanto nos desviamos dela. O fundamentalista tem permanecido distante do liberal em sua autoconsciente superioridade e, por conta própria, tem incorrido no erro do textualismo, que é simplesmente a ortodoxia sem o Espírito Santo. Em todo o lugar, entre os conservadores, encontramos pessoas instruídas na Bíblia, mas iletradas no Espírito. Elas concebem a verdade como sendo algo que possam compreender mentalmente. Se um homem se apega aos fundamentos da fé cristã, ele é considerado como possuidor da verdade divina. Todavia, não é assim. Não existe verdade à parte do Espírito. O intelecto mais brilhante pode ser obtuso quando confrontado com os mistérios de Deus. Para um homem compreender a verdade revelada é preciso um ato de Deus igual ao ato original que inspirou o texto.

Eis o outro lado da verdade: "se do céu não lhe for dada". Aqui está a esperança para todos, pois essas palavras certamente significam que há algo como um dom do conhecimento, dom vindo do céu. Cristo disse aos seus discípulos para aguardarem a vinda do Espírito da verdade que os guiaria a toda a verdade. Jesus explicou o conhecimento de Pedro sobre a sua missão salvífica como sendo uma revelação direta do Pai no céu. E, em uma de suas orações, disse:

A ILUMINAÇÃO DO ESPÍRITO 77

"Graças te dou, ó Pai, Senhor do céu e da terra, porque ocultaste estas coisas aos sábios e instruídos e as revelaste aos pequeninos" (Mateus 11:25). O Senhor não disse "sábios e instruídos" em referência aos filósofos gregos, mas aos estudiosos judeus da Bíblia e aos mestres da lei.

Essa ideia básica, da incapacidade da razão humana como instrumento de conhecimento de Deus foi plenamente desenvolvida nas cartas de Paulo. O apóstolo, de modo cristalino, descarta qualquer faculdade natural como instrumento para descoberta da verdade divina e nos declara impotentes sem a ação do Espírito.

> Nem olhos viram, nem ouvidos ouviram, nem jamais penetrou em coração humano o que Deus tem preparado para aqueles que o amam. Mas Deus no-lo revelou pelo Espírito; porque o Espírito a todas as coisas perscruta, até mesmo as profundezas de Deus. Porque qual dos homens sabe as coisas do homem, senão o seu próprio espírito, que nele está? Assim, também as coisas de Deus, ninguém as conhece, senão o Espírito de Deus. Ora, nós não temos recebido o espírito do mundo, e sim o Espírito que vem de Deus, para que conheçamos o que por Deus nos foi dado gratuitamente (1Coríntios 2:9-12).

Essa passagem é extraída da primeira carta de Paulo aos coríntios e não foi retirada do contexto, nem teve seu significado distorcido. De fato, ela expressa a própria essência da filosofia espiritual de Paulo e concorda, totalmente, com o restante de sua epístola, bem como, devo acrescentar, com os demais textos do apóstolo, conforme foram preservados no Novo Testamento. Esse tipo de racionalismo teológico, tão popular em nossos dias, seria considerado totalmente estranho à mente do grande apóstolo. Paulo não tinha nenhuma fé na capacidade humana de compreender a verdade sem a direta iluminação do Espírito Santo.

Acabei de usar a palavra *racionalismo* e devo retratar ou justificar o seu uso em associação com a ortodoxia. Em relação à segunda opção, não devo ter problema em fazê-lo, pois o textualismo de nosso tempo tem por base a mesma premissa do racionalismo tradicional, ou seja, a crença de que a mente humana é a suprema autoridade no julgamento da verdade. Ou, expressando de outra forma, é a *confiança na capacidade da mente humana em fazer aquilo para o que ela jamais foi criada, conforme declara a Bíblia, e, consequentemente, a mente é totalmente incapaz de fazê-lo.* O racionalismo filosófico é suficientemente honesto para rejeitar a Bíblia abertamente. O racionalismo teológico também a rejeita, embora finja aceitá-la e, ao fazer isso, arranca seus próprios olhos.

O núcleo interno da verdade possui a mesma configuração que a casca exterior. A mente pode entender a parte externa, mas somente o Espírito pode sondar a essência interna. Nosso grande equívoco tem sido o de confiar na casca e crer que a nossa fé é sólida porque somos capazes de explicar a forma exterior da verdade como encontrada na letra da Palavra.

Como resultado desse erro mortal, o fundamentalismo está lentamente morrendo. Temos esquecido que a essência da verdade espiritual não pode ser vista por aquele que conhece apenas a superfície externa da verdade, exceto se houver, primeiro, uma miraculosa operação do Espírito no coração. Aquela atmosfera de deleite religioso que acompanha a verdade revelada pela iluminação do Espírito está ausente na igreja atual. Aqueles vislumbres arrebatadores do pátria celestial são raros e débeis, a fragrância e o frescor da "Rosa de Sarom" são dificilmente percebidos. Consequentemente, fomos forçados a procurar em outros lugares os nossos deleites, encontrando-os nas questionáveis obras de artistas convertidos ou nas melodias cintilantes de originais e curiosos arranjos musicais. Tentamos alcançar prazeres espirituais por meio de emoções mundanas e do estímulo de sentimentos sintéticos por meios totalmente carnais. E o resultado final é nocivo.

No notável sermão "O verdadeiro caminho para alcançar conhecimento divino", John Smith declara a verdade que estou tentando transmitir aqui.

> Se fosse, de fato, definir Teologia, eu preferiria chamá-la de divina *vida* em vez de uma ciência divina; é algo a ser compreendido por uma sensação espiritual, e não por qualquer *descrição verbal*, [...] Teologia é, na realidade, uma *emanação* verdadeira da Luz da vida, que, como raios de sol, não apenas iluminam, mas *aquecem* e *avivam*. [...] Não devemos pensar que obtivemos o correto conhecimento da verdade quando rompemos a casca exterior das palavras e frases que a abrigam. [...] Há um conhecimento da Verdade como há em Jesus, como na natureza cristã, como naquele doce, meigo, humilde e amoroso Espírito de Jesus, que se espalha como o sol da manhã sobre as almas de homens bons, cheio de vida e luz. Pouco proveito há em conhecer a Cristo pela carne, mas Ele concede o seu Espírito a homens bons que buscam as coisas profundas de Deus. Há uma beleza, uma vida e uma amabilidade interiores na Verdade divina

80 / PEREGRINOS DA ETERNIDADE

que somente pode ser conhecida quando ela é convertida em vida e prática.

Esse antigo teólogo sustentava que uma vida pura era absolutamente necessária para qualquer compreensão real da verdade espiritual.

Há uma doçura e um deleite interiores na verdade divina que nenhuma mente sensorial pode provar ou saborear; isto é, aquele homem "natural" que não saboreia as coisas de Deus. [...] Teologia não é tanto entendida por uma perspicácia sutil, mas por um senso purificado.

Doze séculos antes de essas palavras serem expressas, Atanásio já tinha escrito um tratado profundo denominado *Sobre a encarnação do Verbo*. No tratado, ele ousadamente ataca os problemas complexos inerentes à doutrina da encarnação. Trata-se de uma notável demonstração de razão pura combinada à revelação divina. Ele apresenta uma formidável questão em favor da divindade de Cristo e, para todos aqueles que acreditam na Bíblia, resolve o assunto de uma vez por todas. Atanásio depositava tão pouca confiança na capacidade da mente humana em compreender os mistérios divinos que ele encerra o seu grande trabalho com uma forte advertência contra a compreensão meramente intelectual da verdade espiritual. Suas palavras deveriam ser impressas em letras garrafais e fixadas na mesa de todo pastor e estudante de Teologia deste mundo:

[...] além do estudo das Escrituras e da ciência genuína, importa a vida honesta, a pureza de alma e a virtude

A ILUMINAÇÃO DO ESPÍRITO \ 81

segundo ensina Cristo, a fim de que o espírito, seguindo tal caminho, possa obter e aprender o que deseja, tanto quanto é possível à natureza ser instruída acerca do Verbo de Deus. [...] Assim, no intuito de se compreender o pensamento dos teólogos, deve-se, pelo modo de viver, purificar e lavar a alma, assemelhar-se aos santos nas ações, a fim de que, unidos a eles pela conduta, compreenda-se o que Deus lhes revelou.

Os antigos homens de Deus, judeus, anteriores à era cristã, que nos deram os livros da *Sabedoria de Salomão* e *Eclesiástico* (pouco conhecidos entre os protestantes modernos), acreditavam ser impossível a um coração impuro conhecer a verdade divina.

[...] a Sabedoria não entra na alma que pratica o mal, nem habita em corpo que se dedica ao pecado; o Espírito santo educador foge da fraude e se afasta dos pensamentos sem sentido, e é rejeitado quando chega a injustiça (*Sabedoria de Salomão* 1:4,5).

Esses livros, juntamente com o familiar livro de Provérbios, ensinam que o verdadeiro conhecimento espiritual resulta de uma visitação da sabedoria celestial, um tipo de batismo do Espírito da verdade que sobrevém aos homens tementes a Deus. Essa sabedoria está sempre associada à retidão e à humildade, jamais sendo encontrada à parte da piedade e da verdadeira santidade de vida.

Cristãos conservadores, nos dias de hoje, estão tropeçando nessa verdade. Necessitamos reexaminar toda a questão. Precisamos aprender que a verdade consiste não na doutrina correta somente, mas na doutrina correta *em conjunto com a iluminação interior do Espírito Santo.* Um retorno à pregação dessa verdade vital poderia resultar em uma refrescante brisa de Deus sobre essa embolorada e sufocante ortodoxia.

7

O Espírito como poder

"Mas recebereis poder, ao descer sobre
vós o Espírito Santo."

ATOS 1:8

ALGUNS BONS CRISTÃOS TÊM INTERPRETADO erronea-
mente esse texto e considerado que Cristo disse aos seus
discípulos que eles receberiam o Espírito Santo *e* poder,
que viria após a chegada do Espírito. É concebível que uma
leitura superficial do texto bíblico possa levar a essa conclusão, mas a verdade é que Cristo não ensinou a chegada do
Espírito *como* poder, pois o poder e o Espírito são o mesmo.

A nossa língua materna é um instrumento belo e simples, mas que também pode ser complexo e enganoso.
Por essa razão, deve ser usada com cuidado se desejamos
evitar dar e receber impressões equivocadas por seus
meios. Isso é especialmente verdadeiro quando estamos
discorrendo sobre Deus, pois por Ele ser completamente
distinto de qualquer outra coisa ou alguém em seu universo, nossos próprios pensamentos sobre Ele, assim como
nossas palavras, estão sob o perigo constante de desvios.
Um exemplo é encontrado na expressão "O poder de Deus".
O perigo reside no fato de pensarmos em "poder" como
algo pertencente a Deus, como a energia muscular pertence

84 / PEREGRINOS DA ETERNIDADE

ao homem, como algo que Ele *possui*, cuja força é separada dele e é dotada de existência em si mesma. Devemos lembrar que os "atributos" de Deus não são componentes constituintes da bendita divindade, nem elementos fora de sua composição. Um deus que pode ser *composto* não seria Deus de modo algum, mas a obra de algo ou alguém maior que ele, grandioso o suficiente para compô-lo. Teríamos, então, um deus sintético, formado por partes que chamamos de atributos, e o verdadeiro Deus seria um outro ser, Aquele que, de fato, estaria acima de todo o pensamento e de toda a concepção.

A Bíblia e a teologia cristã ensinam que Deus é uma unidade indivisível, sendo o que Ele é em uma singularidade sem divisões, de onde nada pode ser retirado e nada pode ser acrescido. Por exemplo, a misericórdia, a imutabilidade, a eternidade são nomes que temos dado a algo que Deus declara ser verdadeiro sobre si. Todas as expressões "de Deus", na Bíblia, devem ser entendidas não como o que Deus possui, mas *o que Ele é* em sua indivisível unidade. Mesmo a palavra "natureza", quando aplicada a Deus, deveria ser compreendida como uma acomodação à nossa maneira humana de ver as coisas e não como uma descrição precisa de qualquer verdade da misteriosa divindade. Deus disse, "EU SOU O QUE SOU" (Êxodo 3:14), e podemos apenas repetir, em reverência: "Ó Deus, tu és".

Nosso Senhor, antes de sua ascensão, disse aos discípulos: "Eis que envio sobre vós a promessa de meu Pai; permanecei, pois, na cidade, até que do alto sejais revestidos de poder" (Lucas 24:49). A palavra *até* é uma preposição relativa a tempo; ela indica um ponto em relação ao qual algo ocorre antes ou depois. Assim, a experiência daqueles discípulos poderia ser expressa dessa forma: até àquele ponto, eles *não tinham* recebido poder, naquele ponto, eles *receberam* poder, após aquele ponto eles *tinham* recebido poder. O fato histórico é simples assim. Poder veio sobre a igreja, um poder jamais liberado na natureza humana (sendo a única exceção a unção poderosa que veio sobre Cristo nas águas do Jordão). Aquele poder, ainda ativo na igreja, permitiu-lhe existir por praticamente dois mil anos, mesmo que, durante todo esse período, tenha permanecido como um grupo minoritário altamente impopular entre as nações da humanidade, e sob o intenso cerco de inimigos que ficariam muito felizes em determinar o seu fim, caso fossem capazes de fazê-lo.

"Mas recebereis poder." Por meio dessas palavras, nosso Senhor elevou a expectativa de seus discípulos e os instruiu a aguardarem a chegada de uma potência sobrenatural em suas naturezas, de uma fonte que lhes era exterior. Era para ser algo previamente desconhecido para eles, mas que repentinamente viria sobre eles de outro mundo. Era para ser nada menos que o próprio Deus entrando no interior deles com o propósito de reproduzir a sua própria semelhança dentro deles.

Aqui está a linha divisória que separa o cristianismo de todos os ocultismos e de cada tipo de culto oriental, antigo ou moderno. Todos eles são construídos em torno das mesmas ideias, variando apenas em detalhes menores, cada qual com o seu próprio e peculiar conjunto de frases e, aparentemente, rivalizando-se mutuamente em ambiguidade e obscuridade. Cada qual aconselha: "Entre em sintonia com o infinito", "Desperte o gigante dentro de você", "Sintonize-se com o seu potencial oculto" ou "Aprenda a pensar criativamente". Todo esse fraseado apresenta algum valor transitório, como uma injeção psicológica no braço, mas seus resultados não são permanentes porque, na melhor das hipóteses, ele constrói a esperança sobre a natureza caída do homem e não conhece nenhum poder vindo do alto. E, independentemente do que possa ser dito em favor deles, *certamente isso não é cristianismo.*

O cristianismo pressupõe a ausência de qualquer autoajuda e oferece um poder que é nada menos do que o poder de Deus. Esse poder vem sobre homens e mulheres impotentes como uma invasão gentil, porém irresistível, de outro mundo, trazendo uma potência moral infinitamente além de qualquer outra coisa que possa ser despertada de dentro. Esse poder é suficiente, dispensando qualquer ajuda adicional ou fonte auxiliar de energia espiritual, pois é o Espírito Santo de Deus vindo onde a fraqueza reside para fornecer poder e graça que capacite o ser humano a satisfazer a necessidade moral.

Firmado contra tal provisão poderosa desse cristianismo ético (se me permitem usar o termo) está algo que não é cristianismo de modo algum. Uma reprodução infantil dos "ideais" de Cristo, um deplorável esforço de realizar os ensinamentos do sermão do monte! Tudo isso não passa de um jogo religioso pueril, longe de ser a fé de Cristo e do Novo Testamento.

"Mas recebereis poder." Essa foi, e é, uma inspiração singular, um revestimento de energia sobrenatural, afetando cada departamento da vida do cristão e permanecendo nele para sempre. Não se trata de poder físico nem de poder mental, embora possa tocar a ambos em sua ação benigna. É, igualmente, um tipo de poder distinto daquele visto na natureza, na atração lunar que cria as marés ou no poderoso raio que divide um grande carvalho durante a tempestade. Esse poder de Deus opera em outro nível e afeta outro departamento de sua vasta criação. É poder espiritual. É o tipo de poder que Deus é. É a capacidade de alcançar fins espirituais e morais. Seu propósito no longo prazo é produzir um caráter semelhante ao de Deus em homens e mulheres que eram, outrora, totalmente maus por natureza e por escolha.

Agora, como esse poder opera? É uma força não mediada, em sua pureza, diretamente aplicada pelo Espírito de Deus no espírito do homem. O lutador atinge o seu objetivo pela força de seu corpo físico sobre o corpo de seu oponente; o professor, pela força das ideias sobre a mente do aluno; o moralista, pela força do dever sobre a consciência do discípulo. Assim, o Espírito Santo realiza a sua bem-aventurada obra pelo contato direto com o espírito humano.

Não seria preciso dizer que o poder de Deus é sempre experienciado em forma direta e não mediada, pois quando quiser, o Espírito pode usar outro meio, assim como Cristo utilizou saliva para curar um homem cego. Todavia, o poder sempre está acima e além do meio utilizado. Embora o Espírito possa lançar mão de meios apropriados para abençoar um homem crédulo, Ele jamais precisa fazê-lo, pois nada mais são do que concessões temporárias feitas à nossa ignorância e incredulidade. Onde o poder adequado está presente, praticamente qualquer meio será suficiente, porém onde o poder adequado está ausente, nem todos os meios no mundo podem assegurar o fim desejado. O Espírito de Deus pode usar uma canção, um sermão, uma boa ação, um texto ou o mistério e a majestade da natureza, mas sempre a obra final será realizada pela força do Espírito sobre o coração humano.

À luz disso, pode ser visto como os cultos da igreja atual são vazios e sem significado. Todos os meios estão em evidência; a única fraqueza a se lamentar é a ausência do poder do Espírito. A forma de piedade está lá e, com frequência, a forma é aperfeiçoada até que seja um triunfo estético. Música e poesia, arte e oratória, vestimenta simbólica e tons solenes são combinados para encantar a mente do adorador, mas raramente a inspiração sobrenatural está presente. O poder do alto não é conhecido e, muito menos, desejado por pastores ou membros. Isso é nada menos que trágico, ainda mais porque se insere no campo da religião, em que o destino eterno dos homens está envolvido.

A ausência do Espírito pode ser creditada àquela vaga sensação de irrealidade que, em quase todos os lugares, reveste a religião de nossos dias. No culto de uma igreja padrão, a coisa mais real é a sombria irrealidade de tudo. O adorador senta-se em seu assento no templo em um estado de pensamento suspenso e um tipo de entorpecimento onírico se apodera dele. Ele ouve as palavras, mas não as registra, impossibilitando-o de relacioná-las a qualquer coisa de sua própria vida. Ele tem consciência de haver entrado num tipo de área entre mundos, onde sua mente rende-se a um estado mais ou menos agradável que desaparece com a bênção apostólica ao final do culto, não deixando nenhum rastro. Não há qualquer efeito sobre a sua vida cotidiana. Ele não tem consciência de nenhum poder, presença ou realidade espiritual. Simplesmente não há nada em sua experiência que corresponda ao que ele ouviu do púlpito ou cantou nos hinos.

Um significado da palavra "poder" é "capacidade de fazer". Aí está, precisamente, a maravilha da obra do Espírito na igreja e nos corações dos cristãos; a sua capacidade garantida de tornar coisas espirituais reais para a alma. Esse poder é capaz de ir direto ao seu alvo com penetrante objetividade, pode difundir-se na mente como uma essência infinitamente aprazível e alegre, assegurando os fins acima e além dos limites do intelecto. A realidade é o seu assunto, realidade no céu e na terra. Ele não cria objetos que não estão lá, mas revela objetos já presentes e ocultos à alma. Na experiência humana real, é provável que isso seja sentido, pela primeira vez, em um intensificado sentido da presença de Cristo. Ele é sentido como uma Pessoa real, íntima e arrebatadoramente próxima. Então, todos os outros objetos espirituais passam a ser vistos claramente pela mente. Graça, perdão e purificação assumem uma forma de clareza quase corpórea. A oração perde a sua qualidade inexpressiva, tornando-se um doce diálogo com Alguém que está realmente presente. O amor por Deus e por seus filhos apodera-se de nossa alma. Sentimo-nos perto do céu e, agora, é a terra e o mundo que começam a parecer irreais. Nós os conhecemos, agora, como eles são; realidades, de fato, mas como cenários, aqui por um breve período, para logo passarem. O mundo porvir assume contornos visíveis em nossa mente, passando a atrair o nosso interesse e a nossa devoção. Então, toda a vida muda, de modo permanente para adequar-se à nova realidade. Pode haver leves flutuações, como os altos e baixos em um gráfico, mas a direção estabelecida é ascendente e o terreno conquistado é mantido.

Isso não é tudo, mas dará uma noção do que o Novo Testamento quer dizer quando fala de *poder*, e talvez por contraste possamos aprender quão débil é o poder de que desfrutamos.

Creio não haver dúvidas de que a maior necessidade de todas, no atual momento da igreja de Deus, é o poder do Espírito Santo. Mais ensino, organização, equipamentos mais sofisticados, métodos mais avançados; tudo isso é inútil. É como trazer um respirador melhor após a morte do paciente. Por melhores que sejam, jamais poderão trazer vida. "O espírito é que vivifica" (João 6:63). Por melhores que sejam, jamais poderão trazer poder. "[...] o poder pertence a Deus" (Salmos 62:11). O protestantismo está na estrada errada quando tenta vencer simplesmente por meio de uma "frente unida". A nossa maior necessidade não é de uma unidade organizacional, mas de poder. As lápides no cemitério apresentam uma frente unida, mas permanecem mudas e impotentes enquanto o mundo passa por elas.

Suponho que a minha sugestão não irá receber uma séria atenção, mas gostaria de sugerir que nós, cristãos que cremos na Bíblia, anunciemos uma moratória na atividade religiosa e preparemos nossa casa para a chegada de uma inspiração do alto. O corpo dos cristãos que compõem a ala conservadora da igreja é tão carnal, os nossos cultos públicos em alguns locais são tão chocantemente irreverentes, as nossas preferências religiosas são tão degradantes que o poder jamais foi tão necessário quanto agora, em toda a história. Creio que nos seria altamente benéfico se declarássemos um período de silêncio e de autoexame durante o qual cada um de nós perscrutaria o seu próprio coração e buscaria cumprir cada condição para um batismo real de poder do alto.

De uma coisa podemos estar certos, de que não há cura para o nosso problema profundo sem uma visitação, sim, uma *invasão* do poder que vem do alto. Somente o próprio Espírito pode nos mostrar o que está errado conosco, e apenas Ele pode prescrever a cura. Unicamente o Espírito pode nos salvar da entorpecedora irrealidade do cristianismo sem o Espírito. Somente Ele pode nos mostrar o Pai e o Filho, e apenas a ação interior de seu poder pode revelar a nós a solene majestade e o arrebatador mistério do Deus Trino.

8

O Espírito Santo como fogo

"E apareceram, distribuídas entre eles, línguas, como de fogo, e pousou uma sobre cada um deles."

ATOS 2:3

A TEOLOGIA CRISTÃ ENSINA QUE DEUS, em sua natureza essencial, é tanto inescrutável como inefável. Isso, por simples definição, significa que Ele é incapaz de ser perscrutado ou compreendido e que Deus não pode exprimir ou expressar o que Ele é. Essa incapacidade não reside em Deus, mas nas limitações de nossa condição de criatura. "Por que perguntas assim pelo meu nome, que é maravilhoso?" (Juízes 13:18). Apenas Deus conhece a si mesmo em qualquer sentido último do verbo "conhecer". "[...] as coisas de Deus, ninguém as conhece, senão o Espírito de Deus" (1Coríntios 2:11).

Para o cristão médio de hoje, isso pode soar estranho, quiçá absolutamente confuso, pois a disposição do pensamento religioso de nossos dias, definitivamente, não é teológica. Podemos viver uma vida inteira e morrer sem que, uma única vez, nossas mentes tenham sido desafiadas pelo doce mistério da divindade se dependermos das igrejas para cumprirmos esse desafio. Todas estão ocupadas demais, brincando com sombras e "ajustando-se" a uma coisa ou outra, para dedicar tempo refletindo sobre Deus. Portanto, seria bom considerar por mais tempo a inescrutabilidade divina.

Deus, em seu ser essencial, é único, no sentido mais específico dessa palavra. Isto é, não existe nada concebível pela mente porque Ele é "totalmente distinto" de tudo o mais que já experimentamos antes. A mente não dispõe de material com o qual possa começar. Nenhum homem jamais cogitou qualquer pensamento que pudesse ser usado como descrição para Deus, exceto no sentido mais vago e imperfeito. Onde Deus é conhecido, deve ser por outra forma que não pela nossa razão como criaturas.

Novaciano, em um famoso tratado sobre a Trindade, escrito por volta da metade do terceiro século, afirma:

> A respeito disso, portanto, bem como das realidades que são próprias dele ou que nele existem, nem a mente humana pode conceber dignamente o que sejam, quantas ou quais sejam, nem a eloquência da palavra humana pode expressar perfeição oratória que se iguale à sua majestade. De fato, para pensar e exprimir a majestade dele, toda eloquência, com razão, faz-se muda; toda mente, estreita.
>
> Ele é maior que a própria mente, e não se pode pensar quanto o seja, já que, se pudesse ser pensado, seria menor que a mente humana com a qual se teria podido concebê-lo. É maior que toda a palavra e não pode ser dito, já que, se pudesse ser proclamado, seria menor que a palavra humana com a qual, ao proclamá-lo, ter-se-ia podido delimitá-lo e compreendê-lo. Tudo aquilo que dele for pensado será menor que Ele mesmo; e tudo aquilo que for enunciado, se

comparado com Ele, menor que Ele será. Em certa medida, pois, podemos experimentá-lo calados. Não podemos, no entanto, explicar com palavras como Ele é.

Na verdade, se disseres que Ele é luz, terás nomeado uma criatura dele mais que a Ele próprio não o terás exprimido. Se disseres que é força, terás nomeado e indicado a potência dele mais que a Ele próprio. Se disseres [algo da sua] majestade, terás descrito a honra dele mais que a Ele mesmo. [...] Explicarei tudo de uma vez só: com absolutamente tudo aquilo que disseres a respeito dele, terás explicado algum atributo ou potência dele mais que a Ele próprio. O que podes, com efeito, dizer ou experimentar convenientemente a respeito daquele que é maior que todas as palavras e que todos os sentidos, a não ser unicamente dizer que Ele é Deus? Muito embora o digamos [somente] conforme podemos, compreendemos e entendemos. [E] compreenderemos com a inteligência se pensarmos que Ele é Deus, mas que a natureza do seu ser, a sua qualidade e a sua grandeza não podem entender-se [plenamente] nem sequer, certamente, podem vir ao próprio pensamento.

Pelo fato de Deus não poder nos contar *o que Ele é*, com frequência, Ele nos conta *como Ele é*. Por meio dessas figuras "como", Ele leva as nossas vacilantes mentes o mais próximo possível daquela "luz inacessível, a quem homem algum jamais viu" (1Timóteo 6:16). Por meio de um limitado meio como o intelecto, a alma é preparada para o momento em que, por meio da ação do Espírito Santo, seja capaz de conhecer a Deus como Ele próprio. Deus tem lançado mão de uma grande quantidade dessas similaridades como sinais de seu incompreensível ser e, considerando as

Escrituras, pode-se concluir que *sua símile favorita é o fogo*. Em certa passagem, O Espírito fala expressivamente: "o nosso Deus é fogo consumidor" (Hebreus 12:29). Isso está de acordo com a sua própria revelação, conforme registrado em toda a Bíblia. Ele, como fogo, falou a Moisés por meio da sarça ardente; no fogo, Ele pairou sobre o acampamento de Israel durante toda a jornada pelo deserto; como fogo, Ele habitou entre as asas dos querubins no Lugar Santíssimo; a Ezequiel, Deus revelou-se como um surpreendente resplendor "com fogo a revolver-se" (Ezequiel 1:4).

> Vi-a como metal brilhante, como fogo ao redor dela, desde os seus lombos e daí para cima; e desde os seus lombos e daí para baixo, vi-a como fogo e um resplendor ao redor dela. Como o aspecto do arco que aparece na nuvem em dia de chuva, assim era o resplendor em redor. Esta era a aparência da glória do Senhor; vendo isto, caí com o rosto em terra e ouvi a voz de quem falava. (Ezequiel 1:27,28)

Com a vinda do Espírito Santo, no dia de Pentecostes, a mesma imagem repetiu-se. "E apareceram, distribuídas entre eles, línguas, como de fogo, e pousou uma sobre cada um deles" (Atos 2:3). O que veio sobre os discípulos naquele cenáculo era ninguém menos que o próprio Deus. Aos olhos mortais dos discípulos, Ele apareceu como fogo, e não podemos concluir com segurança que aqueles homens, conhecedores das Escrituras, não souberam, de imediato, o que aquele fogo significava? O Deus que, ao longo de toda a sua longa história, lhes aparecera como fogo, estava agora habitando neles como fogo. Ele tinha se movido para o interior de suas vidas. A *shekinah* que outrora resplandecera sobre o propiciatório resplandecia, agora, sobre suas frontes, como um emblema externo do fogo que invadira as suas naturezas. Era Deus doando-se a homens resgatados. A chama era o selo de uma nova união. Todos eles eram agora homens e mulheres do fogo.

Aqui está toda a mensagem do Novo Testamento: por meio da expiação no sangue de Jesus, homens pecaminosos agora podem tornarem-se um com Deus. Deus habitando em homens! Isso é cristianismo em sua mais plena realização, e mesmo aquelas maiores glórias do mundo vindouro serão, em essência, uma maior e mais perfeita experiência da união da alma com Deus.

Deus habitando em homens! Isso, afirmo, é cristianismo, e nenhum homem terá experimentado corretamente o poder da fé cristã até que conheça isso por si mesmo como uma realidade viva. Tudo o mais são prévias disso. Encarnação, expiação, justificação, regeneração; o que são, senão atos preparatórios de Deus para a ação de conquista e o ato de habitar na alma humana redimida? O homem, que se afastara do coração de Deus pelo pecado, agora regressa ao coração divino pela redenção. Deus, que deixara o coração humano devido ao pecado, agora entra novamente em sua antiga habitação para expulsar seus inimigos e para, uma vez mais, colocar seus gloriosos pés.

Aquele fogo visível, no dia de Pentecostes, teve para a igreja um profundo e terno significado, pois revelou a todas as eras que todos aqueles em cujas cabeças Ele repousou eram homens e mulheres separados; eles eram "criaturas em brasa" (Ezequiel 1:13), como certamente eram aqueles a quem Ezequiel viu em sua visão, às margens do rio Quebar. A marca do fogo era o sinal de divindade; aqueles que o receberam eram para sempre um povo peculiar, filhos e filhas do fogo.

Um dos golpes mais fortes que o inimigo já aplicou sobre a vida da igreja foi criar no seio dela um medo do Espírito Santo. Ninguém que tenha familiaridade com cristãos, nesses dias, negará a existência desse medo. Existem poucos que, sem qualquer restrição, abrirão o seu coração ao bendito Consolador. Ele tem sido tão larga e equivocadamente incompreendido que a simples menção de seu nome, em alguns círculos, é suficiente para suscitar a resistência de muitas pessoas. A fonte desse medo irracional pode ser rastreada com facilidade, mas seria infrutífero aqui dedicar tempo a isso. É suficiente dizer que tal medo é infundado. Talvez seja útil para destruir o poder desse medo sobre nós examinarmos esse fogo, símbolo da Pessoa e presença do Espírito.

O Espírito Santo é, acima de tudo, uma *chama moral*. Não é por um mero acidente de linguagem que Ele seja chamado de Espírito *Santo*, pois independentemente de qualquer outro significado que possa ser atribuído à palavra *santo*, sem dúvida alguma, ela carrega a ideia de pureza moral. E o Espírito, sendo Deus, deve ser absoluta e infinitamente puro. Com Ele não há (como ocorre a homens) graus de santidade. Ele é a própria santidade, a soma e a essência de tudo o que é inexprimivelmente puro.

Ninguém que vive em um estado de descuido moral ou pecado limítrofes, ainda que seus sentidos tenham sido exercitados para conhecer o bem e o mal, deve lamentar a visão de almas zelosas que buscam ser cheias do Espírito Santo. Isso constitui uma contradição moral. Quem quer que seja preenchido e habitado pelo Espírito deve, primeiramente, julgar a sua vida por iniquidades ocultas; deve, corajosamente, expulsar de seu coração tudo que estiver em desacordo com o caráter de Deus, segundo a revelação das Santas Escrituras.

Na base de toda experiência cristã genuína deve residir uma moralidade sólida e sã. Não há alegrias válidas nem prazeres legítimos onde o pecado é permitido estar, quer seja na vida ou na conduta. Nenhuma transgressão da pura retidão ousa desculpar-se às custas de uma experiência religiosa superior. Buscar estados emocionais mais elevados, enquanto vive-se em pecado, é manter a vida aberta ao autoengano e ao julgamento de Deus. "Sede santos" não é um simples lema a ser emoldurado e pendurado na parede, mas um mandamento sério do Senhor de toda a terra.

> Chegai-vos a Deus, e ele se chegará a vós outros. Purificai as mãos, pecadores; e vós que sois de ânimo dobre, limpai o coração. Afligi-vos, lamentai e chorai. Converta-se o vosso riso em pranto, e a vossa alegria, em tristeza (Tiago 4:8,9).

O ideal do verdadeiro cristão não é ser feliz, mas ser santo. Somente um coração santo pode ser a habitação do Espírito.

O Espírito Santo é também uma *chama espiritual*. Apenas Ele pode elevar o nosso culto a níveis verdadeiramente espirituais. Pois devemos saber, de uma vez por todas, que toda a moralidade e a ética, embora sublimes, ainda não constituem cristianismo. A fé de Cristo encarrega-se de levar a alma a uma comunhão real com Deus, de introduzir em nossas experiências religiosas um elemento suprarracional tão acima da mera bondade quanto os céus estão acima da terra. A vinda do Espírito trouxe ao livro de Atos essa mesma qualidade de supramundanidade, essa elevação misteriosa de tom, não encontrada com essa intensidade nem mesmo nos Evangelhos. A chave do livro de Atos é definitivamente a principal. Não há qualquer traço de tristeza da criatura, nenhuma decepção persistente, nem o mais leve tremor de incerteza. A disposição é celestial. Um espírito vitorioso, que jamais poderia ser resultado de uma mera crença religiosa, é encontrado lá. O júbilo dos primeiros cristãos não foi o júbilo da lógica operando sobre fatos. Eles não raciocinaram, "Cristo ressuscitou dentre os mortos e, portanto, devemos estar contentes". A alegria deles foi um milagre tão grande quanto a própria ressurreição. De fato, eles estavam e estão organicamente relacionados. A felicidade moral do Criador havia se instalado no peito de criaturas redimidas, e elas só podiam estar felizes.

A chama do Espírito é igualmente *intelectual*. A razão, dizem os teólogos, é um dos atributos divinos. Não é preciso haver incompatibilidade entre a mais profunda experiência do Espírito e as mais elevadas realizações do intelecto humano. *É necessário apenas que o intelecto do cristão se renda totalmente a Deus para que não haja limites às suas atividades* além do que é imposto por sua própria força e tamanho. Quão frio e inerte é o intelecto não abençoado. Um cérebro superior sem a essência salvadora da piedade pode voltar-se contra a raça humana e banhar o mundo com sangue, ou pior, pode propagar ideias por toda a terra que continuarão amaldiçoando a humanidade por séculos depois de ter voltado ao pó novamente. Uma mente cheia do Espírito, no entanto, constitui uma alegria para Deus e um encanto para todos os homens de boa vontade. O que o mundo perderia caso fosse privado de uma mente repleta de amor como a de Davi, de João ou de Isaac Watts?

Naturalmente, nós nos retraímos com superlativos e comparações que louvam uma virtude em detrimento de outra, não obstante pergunto-me se há na terra algo tão perfeitamente amoroso quanto uma mente brilhante incendiada pelo amor de Deus. Uma mente assim propaga um raio suave e curativo que pode ser realmente *sentido* por aqueles que se aproximam dela. A virtude emana dela e abençoa aqueles que meramente tocam a borda de seu manto. É preciso ler, por exemplo, *The Celestial Country* [O país celestial], de Bernard de Cluny, para compreender o que quero dizer. Lá, um sensível e radiante intelecto, aquecido com o fogo do Espírito que o habita, expressa com vasta e terna aprovação aqueles anseios por imortalidade que tem habitado profundamente o peito humano desde que o primeiro homem se ajoelhou na terra de cujo seio ele veio e para o qual deve, em breve, retornar novamente. Pela sublimidade de conceito, pelo puro triunfo do espírito cristão sobre a imortalidade, pela capacidade de descansar a alma e elevar a mente a um culto arrebatador, o seu equivalente é raramente encontrado em qualquer lugar na literatura não inspirada. Considero, em minha respeitosa opinião, que esse hino simples possa ter ministrado mais virtude curadora sobre espíritos angustiados do que todos os textos de poetas e filósofos seculares desde que a arte da escrita foi inventada. Nenhum intelecto desprovido da bênção, independentemente de sua genialidade, seria remotamente capaz de produzir tal trabalho. Após terminar a leitura, fecha-se o livro com o sentimento, sim, com a solene convicção de ter ouvido a voz do querubim e o som de harpas ecoando ao lado do mar de Deus.

Esse mesmo sentimento de quase inspiração é experimentado também nas letras de Samuel Ruttherford, em *Te Deum*, nos muitos hinos de Watts e Wesley e, ocasionalmente, na obra de algum santo menos conhecido, cujos limitados dons possam ter sido, por um jubiloso momento, tornados incandescentes pelo fogo do Espírito que os habitava.

A enfermidade no coração do fariseu, em tempos antigos, foi a doutrina sem amor. Jesus pouco discutiu sobre os ensinamentos dos fariseus, mas contra o espírito farisaico Ele manteve uma incessante batalha até o fim. Foi a religião que colocou Cristo na cruz, a religião sem a habitação do Espírito. É inútil negar que Cristo foi crucificado por pessoas que, em nossos dias, seriam chamadas de fundamentalistas. Isso deve ser muito inquietante e até mesmo angustiante para nós, que nos orgulhamos de nossa ortodoxia. Uma alma sem a abençoada iluminação, cheia da letra da verdade, pode, na realidade, tornar-se pior do que um pagão que se ajoelha diante de um amuleto. Estamos seguros apenas quando o amor de Deus inunda os nossos corações por meio do Espírito Santo, somente quando nosso intelecto é habitado pelo amoroso fogo que veio em Pentecostes. Pois o Espírito não é um requinte, não é algo adicionado, de vez em quando, para produzir um tipo de cristão luxuoso e refinado uma vez a cada geração. Absolutamente! Ele é uma necessidade vital para todo o filho de Deus. Ele preenche seu povo e habita nele, é mais do que uma esperança débil. Pelo contrário, é um imperativo inescapável.

O Espírito também é uma *chama volitiva*. Aqui, como em qualquer outro lugar, a imagem é inadequada para expressar toda a verdade e, sem o devido cuidado, podemos facilmente obter uma impressão errônea de seu uso. Pois o fogo, como o vemos e conhecemos no dia a dia, é uma *coisa*, não uma pessoa e, por essa razão, não possui vontade em si mesmo. No entanto, o Espírito Santo é uma Pessoa, possuindo aqueles atributos de personalidade dos quais a volição faz parte. Ao adentrar a alma humana, Ele não anula nenhum de seus atributos nem os entrega parcial ou totalmente à alma na qual está. Lembre-se, o Espírito é Senhor. Paulo disse aos coríntios: "Ora, o Senhor é Espírito" (2Coríntios 3:17). O Credo Niceno afirma: "Creio no Espírito Santo, Senhor que dá a vida", e o credo de Atanásio declara: "Do mesmo modo, o Pai é Senhor, o Filho é Senhor, o Espírito Santo é Senhor. E, contudo, não são três Senhores, mas um só Senhor". Quaisquer que sejam os problemas que essa afirmação possa trazer à compreensão, a nossa fé deve aceitá-la e integrá-la à nossa crença sobre Deus e sobre o Espírito. Agora, é desnecessário enfatizar que o Senhor Soberano jamais abandonará as prerrogativas de sua divindade. Onde quer que esteja, Ele deve continuar agindo como Ele mesmo. Ao entrar no coração humano, Ele será lá o que sempre foi, Senhor em seu próprio direito.

A profunda enfermidade do coração humano é uma vontade separada de seu centro, como um planeta que deixou o seu sol central e começou a rotacionar em torno de algum corpo estranho do espaço exterior que se aproximou dele o suficiente para atraí-lo. Quando Satanás disse, "Eu quero", ele desprendeu-se de seu centro natural, e a moléstia com a qual tem infectado a raça humana é a doença da desobediência. Qualquer esquema adequado de redenção tem que levar em conta essa revolta e encarregar-se dela a fim de restaurar a vontade humana novamente ao seu devido lugar na vontade de Deus. De acordo com essa necessidade fundamental de restauração da vontade, o Espírito Santo, ao efetuar a sua graciosa invasão no coração crédulo, deve subjugar aquele coração a uma agradável e voluntária obediência à vontade divina. A cura deve ser efetivada de dentro para fora; nenhuma conformidade exterior o fará. Até que a vontade seja santificada, o homem permanece em rebeldia, assim como um criminoso ainda é um fora da lei, em seu coração, ainda que apresente uma relutante obediência ao delegado, quando está sendo levado à prisão.

O Espírito Santo alcança essa cura interior fundindo a vontade da pessoa redimida com a sua própria. Isso não é realizado de uma só vez. Deve haver, se for genuíno, algum tipo de rendição geral da vontade a Cristo antes que qualquer obra da graça possa ser feita, porém a total fusão de cada área da vida com a vida de Deus, no Espírito, pode vir a ser um processo bem mais longo do que a nossa impaciência humana desejaria. A alma mais avançada pode ficar chocada e desapontada ao descobrir alguma área privada em sua vida, que ela supunha ter entregado a Deus, sobre a qual, inconscientemente, ainda tenha agido como senhor e proprietário. Faz parte da obra do Espírito que habita em nós indicar essas discrepâncias morais e corrigi-las. Todavia, como se diz, por vezes, Ele não "viola" a vontade humana, mas a invade e gentilmente a conduz a uma jubilosa união com a vontade de Deus.

Aquiescer à vontade de Deus é fazer mais do que dar uma aprovação resignada a ela; é escolher a vontade divina com positiva determinação. À medida que a obra de Deus avança, o cristão sente-se livre para escolher o que quiser, mas alegremente escolhe a vontade de Deus como seu mais elevado bem possível. Tal homem encontrou o supremo alvo da vida. Ele é colocado além das pequenas decepções que assolam os demais seres humanos. O que quer que lhe ocorra, é a vontade de Deus para ele, e isso é o que ele mais ardorosamente deseja. Contudo, é justo afirmar que essa condição não é alcançada por muitos dos ocupados cristãos de nossos frenéticos dias. Até que essa condição seja alcançada, entretanto, a paz do cristão não será completa. Deve ainda persistir uma certa controvérsia interior, um senso de inquietude espiritual que envenena a nossa alegria e reduz sobremaneira o nosso poder.

Outra qualidade do Fogo que habita o ser humano é a *emoção*. Isso deve ser compreendido à luz do que tem sido dito antes sobre a inescrutabilidade divina. O que Deus é em sua essência única não pode ser descoberto pela mente nem expresso pelos lábios, mas aquelas qualidades em Deus que podem ser denominadas racionais e, assim, recebidas pelo intelecto, têm sido livremente anunciadas nas Sagradas Escrituras. Elas não revelam o que Deus é, mas nos contam como Ele é, e a soma delas constitui uma figura mental vista, por assim dizer, à distância e por meio de um vidro escuro.

Agora, a Bíblia ensina que há algo em Deus que é como a emoção. Ele experimenta algo que é como o nosso amor, como o nosso sofrimento, como a nossa alegria. E não devemos ter medo de acompanhar essa concepção de como Deus é. A fé facilmente reconhece a inferência de que, por sermos feitos à sua imagem, Ele deve possuir qualidades como as nossas. Contudo essa inferência, embora satisfatória à mente, não é o alicerce de nossa crença. *Deus disse certas coisas a seu respeito, e isso fornece todos os fundamentos de que necessitamos.*

"O SENHOR, teu Deus, está no meio de ti, poderoso para salvar-te; ele se deleitará em ti com alegria; renovar-te-á no seu amor, regozijar-se-á em ti com júbilo" (Sofonias 3:17).

Esse é apenas um versículo dentre milhares de outros que servem para formar a nossa imagem racional de como Deus é. Eles nos revelam claramente que Deus sente algo como o nosso amor, como a nossa alegria, e o que Ele sente o faz agir similarmente a como agiríamos em situações semelhantes; Ele regozija-se com os seus amados, com alegria e cânticos.

Aqui está a emoção em um plano tão elevado como jamais visto, emoção fluindo do próprio coração de Deus. O sentimento, então, não é um filho degenerado da descrença como, em geral, é retratado por alguns professores da Bíblia. Nossa capacidade de sentir é uma das marcas de nossa origem divina. Não devemos nos envergonhar de lágrimas ou risos. O cristão estoico que tem esmagado os seus sentimentos é apenas dois terços de um homem, pois um terço importante tem sido repudiado.

O sentimento santo ocupou um importante lugar na vida de nosso Senhor. "Em troca da alegria que lhe estava proposta" (Hebreus 12:2), suportou a cruz e desprezou a sua vergonha. Ele retratou a si mesmo, clamando: "Alegrai-vos comigo, porque já achei a minha ovelha perdida" (Lucas 15:6). Na noite de sua agonia, Jesus "cantou um hino", antes de ir para o monte das Oliveiras. Após a sua ressurreição, Ele cantou entre seus irmãos, na grande congregação (veja Salmos 22:22). E, se o livro de Cânticos dos Cânticos refere-se a Cristo (como crê a maioria dos cristãos), então, como não notaremos o som de seu júbilo quando Ele levar a sua noiva para casa, após a noite ter terminado e as sombras terem fugido?

Uma das maiores calamidades trazidas pelo pecado sobre nós é a degeneração de nossas emoções normais. Rimos de coisas que não são engraçadas, encontramos prazer em atos que estão abaixo de nossa dignidade humana; e nos alegramos com coisas que nem deveriam ter lugar em nossas afeições. A objeção aos "prazeres pecaminosos", que tem sido a característica do verdadeiro santo, é, no fundo, apenas um protesto contra a degradação de nossas emoções humanas. Por exemplo, permitir que se jogue para atrair os interesses dos homens criados à imagem de Deus assemelha-se a uma horrível perversão de nobres poderes; necessitar de álcool para estimular o sentimento de prazer parece ser um tipo de prostituição; a necessidade de os homens correrem para os teatros construídos por mãos humanas para desfrutar de algum divertimento soa como uma afronta a Deus, que nos colocou em um universo carregado de ação dramática. Os prazeres artificiais do mundo apenas evidenciam que a raça humana tem perdido, em grande escala, o seu poder para desfrutar os verdadeiros prazeres da vida, sendo forçada a substituí-los por emoções falsas e degradantes.

O Espírito Santo opera, entre outras coisas, para resgatar as emoções da pessoa redimida, pôr cordas novas em sua harpa e abrir, uma vez mais, os poços da sagrada alegria que foram obstruídos pelo pecado. Que Ele faz isso é o testemunho unânime dos santos. Ainda, é consistente com toda a maneira de Deus em sua criação. O prazer puro é parte da vida, uma parte tão importante que é difícil ver como a vida humana poderia ser justificada se isso significasse uma existência eterna privada do sentimento de prazer.

O Espírito Santo instala uma harpa eólica na janela de nossa alma para que o vento celestial possa tocar uma doce melodia como acompanhamento musical para a mais humilde tarefa que possamos ser chamados a realizar. O amor espiritual de Cristo entoará uma música constante em nosso coração, capacitando-nos a rejubilar mesmo em nossas tristezas.

9

Por que o mundo não pode receber o Espírito da verdade

"O Espírito da verdade, que o mundo não pode receber."

João 14:17

A FÉ CRISTÃ, COM BASE NO NOVO TESTAMENTO, ensina a completa antítese entre a igreja e o mundo. Observei isso brevemente em um capítulo anterior, mas sinto aqui ser necessário me aprofundar um pouco mais, pois o assunto é muito importante para a alma que busca.

Já se tornou um chavão religioso dizer que o nosso problema hoje é tentarmos construir uma ponte sobre o abismo entre dois opostos, o mundo e a igreja, realizar um casamento ilícito para o qual não há autoridade bíblica. Na verdade, uma união real entre o mundo e a igreja não é possível. Quando a igreja se une ao mundo deixa de ser uma igreja genuína, tornando-se uma coisa híbrida e lamentável, passando a ser um objeto de desdém condescendente por parte do mundo e uma abominação para Deus.

O crepúsculo no qual muitos (ou deveria dizer a maioria?) cristãos vivem hoje não é causado por qualquer incerteza por parte da Bíblia. Nada poderia ser mais claro que os pronunciamentos da Escritura sobre a relação do cristão com o mundo. A confusão que há em torno dessa matéria é resultante da relutância de cristãos professos em levar a Palavra de Deus a sério. O cristianismo está tão enredado com o mundo que milhões não têm a menor ideia do quão afastados estão do padrão do Novo Testamento. As concessões estão em todo o lugar. O mundo recebe uma demão de cal suficiente apenas para passar na inspeção de homens cegos que posam como cristãos, e esses mesmos cristãos buscam incessantemente ganhar a aceitação do mundo. Por meio de concessões mútuas, homens autodenominados cristãos buscam prosperar com homens que possuem nada além do que um silencioso desprezo pelas coisas de Deus.

Toda essa questão é, em essência, espiritual. Um cristão é o que é não por uma manipulação eclesiástica, mas por um renascimento. Ele é um cristão por causa do Espírito que habita em seu interior. Somente aquele que é nascido do Espírito é espírito. A carne jamais pode ser convertida em espírito, não importa a quantidade de representantes da igreja que trabalhem nisso. Confirmação, batismo, santa ceia, confissão de fé; nada disso, separada ou conjuntamente, pode tornar a carne em espírito, nem tornar um filho de Adão em filho de Deus. Paulo escreveu aos gálatas: "E, porque vós sois filhos, enviou Deus ao nosso coração o Espírito de seu Filho, que clama: Aba, Pai!" (Gálatas 4:6). E, aos coríntios, instruiu: "Examinai-vos a vós mesmos se realmente estais na fé; provai-vos a vós mesmos. Ou não reconheceis que Jesus Cristo está em vós? Se não é que já estais reprovados" (2Coríntios 13:5). E aos romanos: "Vós, porém, não estais na carne, mas no Espírito, se, de fato, o Espírito de Deus habita em vós. E, se alguém não tem o Espírito de Cristo, esse tal não é dele" (Romanos 8:9).

Aquela terrível zona de confusão tão evidente em toda a vida da comunidade cristã poderia ser dissipada rapidamente se os seguidores de Cristo começassem a seguir, de fato, a Cristo em vez de uns aos outros. Pois nosso Senhor foi muito claro em seu ensino sobre o cristão no mundo.

Certa ocasião, após receber conselhos carnais não solicitados de irmãos sinceros, porém desprovidos de iluminação, nosso Senhor replicou: "O meu tempo ainda não chegou, mas o vosso sempre está presente. Não pode o mundo odiar-vos, mas a mim me odeia, porque eu dou testemunho a seu respeito de que as suas obras são más" (João 7:6,7).

Jesus identificou os seus irmãos carnais com o mundo e disse que Ele mesmo e aqueles irmãos eram de espíritos diferentes. O mundo o odiava, mas não podia odiar aqueles homens porque o mundo não podia odiar a si mesmo. Uma casa dividida contra si mesma não subsistirá. A casa de Adão deve permanecer fiel a si mesma, caso contrário, se autodestruirá. Embora os filhos da carne possam discutir entre si, no âmago, estão unidos uns aos outros. Somente quando o Espírito de Deus perscruta o ser humano é que um elemento de natureza diferente é inserido. O Senhor disse aos discípulos: "Se o mundo vos odeia, sabei que, primeiro do que a vós outros, me odiou a mim. Se vós fôsseis do mundo, o mundo amaria o que era seu; como, todavia, não sois do mundo, pelo contrário, dele vos escolhi, por isso, o mundo vos odeia" (João 15:18,19).

Paulo explicou aos gálatas a diferença entre a criança cativa e a livre: "Como, porém, outrora, o que nascera segundo a carne perseguia ao que nasceu segundo o Espírito, assim também agora" (Gálatas 4:29).

Assim, ao longo de todo o Novo Testamento, uma nítida linha divisória é traçada entre a igreja e o mundo. Não existe região intermediária. O Senhor não reconhece a frase conciliatória "concordando para discordar", para que os seguidores do Cordeiro possam adotar os caminhos do mundo e andar por eles. O abismo entre o cristão genuíno e o mundo é tão grande quanto aquele que separava o rico de Lázaro. Aliás, é o mesmo abismo, isto é, o precipício que divide o mundo dos redimidos do mundo dos homens decaídos.

Reconheço, e sinto profundamente, o quão ofensivo esse ensino deve ser para o grande rebanho de pessoas mundanas que circunda o aprisco. Não espero escapar da carga de fanatismo e intolerância que certamente será lançada contra mim pelos confusos religiosos que buscam tornarem-se ovelhas por associação. Todavia, devemos encarar a dura verdade de que homens não se tornam cristãos pela simples associação com pessoas da igreja, nem pelo contato nem pela educação religiosos. Somente por um novo nascimento, com a invasão do Espírito de Deus em sua natureza, é que o homem se torna cristão. E, quando isso ocorre, ele passa a ser, imediatamente, membro de uma nova raça.

> Vós, porém, sois raça eleita, sacerdócio real, nação santa, povo de propriedade exclusiva de Deus, a fim de proclamardes as virtudes daquele que vos chamou das trevas para a sua maravilhosa luz; vós, sim, que, antes, não éreis povo, mas, agora, sois povo de Deus, que não tínheis alcançado misericórdia, mas, agora, alcançastes misericórdia (1Pedro 2:9,10).

Não há a intenção de apresentar os versículos citados fora de contexto ou de concentrar a atenção em um lado da verdade em detrimento de outro. O ensino dessas passagens está de pleno acordo com toda a verdade do Novo Testamento. É como se extraíssemos um copo de água do oceano. A quantidade extraída não seria toda a água do oceano, mas seria uma amostra verdadeira, perfeitamente em acordo com o restante.

A dificuldade que nós, cristãos modernos, enfrentamos não é a compreensão equivocada da Escritura, mas conseguir persuadir nossos obstinados corações a aceitar a clara instrução bíblica. Nosso problema é obter a anuência das nossas mentes amantes do mundo para tornar Jesus o Senhor, não só em palavras, mas de fato. Pois uma coisa é declarar "Senhor, Senhor", e outra totalmente diferente é obedecer aos mandamentos do Senhor. Podemos cantar "Coroai-o Rei, Rei dos reis, Senhor", deleitando-nos com os tons suaves do teclado e com a profunda melodia das harmoniosas vozes, mas ainda nada teremos feito até que abandonemos o mundo e voltemos as nossas faces na direção da cidade de Deus em uma realidade prática. Quando a fé se torna em obediência, então, é, de fato, fé genuína.

O mundo do espírito é forte e impregna em nós como o cheiro de fumaça em nossas roupas. Ela pode mudar a sua face, adequando-se a qualquer circunstância, e, assim, enganar a muitos cristãos cujos sentidos não estão exercitados o suficiente para discernir entre o bem e o mal. Pode envolver a religião com toda a aparência de sinceridade. Pode apresentar peso de consciência (em especial durante eventos religiosos, como a Quaresma), e até mesmo confessar os seus maus caminhos publicamente. Ele louvará a religião e bajulará a igreja para alcançar seus propósitos. Contribuirá para causas assistenciais e promoverá campanhas de arrecadação aos pobres. *Apenas mantenha Cristo à distância e jamais afirme o seu senhorio.* Definitivamente isso não irá durar. E, com relação ao verdadeiro Espírito de Cristo, o espírito do mundo mostrará apenas antagonismo. A mídia do mundo (que sempre é o seu porta-voz real) raramente dará a um filho de Deus um tratamento justo. Se os fatos forçam um relatório favorável, o tom usado, em geral, é arrogante e irônico. O tom de desdém sobressai.

Ambos, os filhos deste mundo e os filhos de Deus, foram batizados em um espírito, mas o espírito do mundo e o Espírito que habita os corações de pessoas renascidas estão tão distantes quanto o céu e o inferno. Eles não somente são totalmente opostos, como também são categoricamente antagônicos um ao outro. Para um filho do mundo, as coisas do Espírito ou são ridículas, para a diversão deles, ou são sem sentido, para o tédio deles. "Ora, o homem natural não aceita as coisas do Espírito de Deus, porque lhe são loucura; e não pode entendê-las, porque elas se discernem espiritualmente" (1Coríntios 2:14).

Na primeira carta de João, duas palavras são usadas repetidas vezes, ou seja, os pronomes *eles* e *vós*, designando dois mundos totalmente diferentes. O pronome *eles* faz referência aos homens e às mulheres do mundo caído de Adão, enquanto *vós* faz menção aos escolhidos que deixaram tudo para seguir a Cristo. O apóstolo não se curva diante do pequeno deus Tolerância (o culto a esse deus, na América, tornou-se um tipo de religião de superfície secundária), mas, pelo contrário, é asperamente intolerante. Ele sabe que a tolerância pode ser apenas um outro nome para a indiferença. É preciso uma fé vigorosa para aceitar o ensino de João, sendo muito mais fácil obscurecer as linhas divisórias e assim não ofender ninguém. É mais seguro valer-se de piedosas generalidades e do uso de *nós* para ambos, cristãos e descrentes. A paternidade de Deus pode ser estendida de modo a incluir todos, de Jack, o estripador, a Daniel, o profeta. Dessa forma, ninguém é ofendido e todos se sentem confortáveis e prontos para o céu. Contudo o homem que reclinou o seu rosto sobre o peito de Jesus não se deixa enganar tão facilmente. Ele desenhou uma linha para dividir a raça humana em dois grupos, para separar os salvos dos perdidos, aqueles que ressuscitarão para receber a recompensa eterna e os que irão mergulhar no desespero final. De um lado estão *eles*, que não conhecem a Deus, e do outro, *vós* (ou com uma mudança de pessoa, *nós*), e entre os dois está um abismo moral grande demais para qualquer homem transpor.

Aqui está como João afirma isso:

> Filhinhos, vós sois de Deus e tendes vencido os falsos profetas, porque maior é aquele que está em vós do que aquele que está no mundo. Eles procedem do mundo; por essa razão, falam da parte do mundo, e o mundo os ouve. Nós somos de Deus; aquele que conhece a Deus nos ouve; aquele que não é da parte de Deus não nos ouve. Nisto reconhecemos o espírito da verdade e o espírito do erro (1João 4:4-6).

Essa linguagem é clara demais para confundir qualquer um que honestamente busque conhecer a verdade. Nosso problema não é de compreensão, repito, mas de fé e de obediência. A questão não é teológica — O que isso ensina? —, mas moral — Estou disposto a aceitar esse ensino e suportar as consequências? Consigo resistir ao olhar de desprezo? Terei a coragem de enfrentar o cortante ataque dos "liberais"? Ousarei suscitar o ódio de pessoas que se sentirão ofendidas por minha atitude? Tenho uma mente suficientemente independente para desafiar as opiniões religiosas populares e caminhar com o apóstolo? Ou, em resumo, consigo colocar sobre mim a cruz com seu sangue e sua reprovação?

O cristão é chamado a uma separação do mundo, mas precisamos ter certeza do que queremos dizer (ou mais importante, o que Deus quer dizer) com a expressão *o mundo*. Nossa tendência é entender como algo apenas externo e, assim, perder o sentido real. O teatro, o carteado, o álcool e o jogo não são o mundo, mas somente meras manifestações externas dele. Nossa luta não é contra os caminhos do mundo, mas contra o *espírito* do mundo. Pois o homem, quer ele esteja salvo, quer perdido, é essencialmente espírito. O mundo, no sentido que o Novo Testamento dá a ele, simplesmente é a natureza humana não regenerada, onde quer que esteja, seja no bar, seja na igreja. Independentemente do resultado, tudo o que for desenvolvido pela natureza humana decaída ou receba seu apoio é mundo, ainda que tenha um fundamento moral ou seja moralmente respeitável.

Os antigos fariseus, apesar de sua zelosa devoção religiosa, eram a própria essência do mundo. Os princípios espirituais com os quais construíram o sistema deles foram extraídos não do alto, mas do subterrâneo. Contra Jesus, empregaram táticas humanas, subornando pessoas para propagar mentiras em defesa da verdade. Para defender Deus, agiram como demônios; para defender a Escritura, desafiaram os próprios ensinamentos bíblicos, distorceram a religião para salvar a religião. Os fariseus deram espaço ao ódio cego em nome da religião de amor. Neles, vemos o mundo em toda a sua inflexível rebeldia contra Deus. Tão feroz era o espírito deles, que jamais descansaram enquanto não levaram à morte o próprio Filho de Deus. O espírito dos fariseus foi ativa e maliciosamente hostil ao Espírito de Jesus, já que ambos eram um tipo de essência dos dois mundos dos quais vieram.

Aqueles professores de nossos dias que colocam o sermão do monte em alguma outra dispensação que não a atual e, assim, desobrigam a igreja de seus ensinamentos, pouco percebem o mal que fazem. Pois o sermão do monte fornece, em resumo, as características do reino de homens redimidos. Os bem-aventurados pobres de espírito, que choram por seus pecados e têm fome e sede de justiça, são filhos legítimos do reino. Em humildade, eles mostram misericórdia aos seus inimigos; com pureza de coração, veem a Deus; cercados por seus perseguidores, eles bendizem e não amaldiçoam. Em modéstia, ocultam as suas boas obras. Eles se esforçam para viver em harmonia com seus adversários e para perdoar aqueles que pecaram contra eles. Eles servem a Deus em secreto, na profundeza de seus corações, e aguardam com paciência a recompensa que Ele prometeu. Em liberalidade, entregam os seus bens materiais em vez de usar a violência para protegê-los; eles acumulam tesouros no céu. Evitam o louvor e aguardam pelo dia do reconhecimento final para aprenderem quem é o maior no reino dos céus.

Se esta for uma visão justa das coisas, o que podemos dizer, então, quando homens cristãos competem uns com os outros por lugar e posição? O que podemos explicar quando os vemos em uma insaciável busca por louvor e honra? Como podemos justificar a paixão por publicidade, tão evidente entre os líderes cristãos? E sobre a ambição política nos círculos eclesiásticos? O que dizer das mãos febris que se estendem por mais e maiores "ofertas de amor"? E quanto ao desavergonhado egoísmo entre cristãos? Como explicar o repulsivo culto a homens que eleva um ou outro líder popular a um patamar colossal? E com relação à escandalosa bajulação de homens endinheirados por aqueles que pretendem ser íntegros pregadores do evangelho?

Há somente uma resposta a todas essas perguntas: simplesmente que, em todas essas manifestações, vemos o mundo e nada além do mundo. Nenhuma confissão apaixonada de amor pelas "almas" pode tornar o mal em bem. Esses são os mesmos pecados que crucificaram Jesus.

É igualmente verdadeiro que as manifestações mais indecentes da decaída natureza humana são parte do reino deste mundo. Entretenimentos organizados, com sua ênfase no prazer raso, os grandes impérios construídos com a exploração de vícios e hábitos não naturais, o abuso irrestrito de apetites normais, o mundo artificial denominado como "alta sociedade"; tudo isso faz parte do mundo. Todos eles constituem aquilo que é carne, edificados sobre a carne e que devem perecer com a carne. O cristão deve fugir dessas coisas. Deve deixar todas para trás e com elas não deve ter qualquer concessão. Contra elas, deve manter uma posição distante e firme, sem concessões e sem temor.

Dessa forma, quer o mundo se apresente em seus aspectos mais horrendos ou em suas formas mais sutis e refinadas, devemos reconhecê-lo e repudiá-lo com veemência.

118 / PEREGRINOS DA ETERNIDADE

Temos que fazer isso, se desejamos caminhar com Deus em nossa geração, como Enoque fez na sua. Uma clara separação com o mundo é imperativa.

> Infiéis, não compreendeis que a amizade do mundo é inimiga de Deus? Aquele, pois, que quiser ser amigo do mundo constitui-se inimigo de Deus (Tiago 4:4).

> Não ameis o mundo nem as coisas que há no mundo. Se alguém amar o mundo, o amor do Pai não está nele; porque tudo que há no mundo, a concupiscência da carne, a concupiscência dos olhos e a soberba da vida, não procede do Pai, mas procede do mundo (1João 2:15,16).

Essas palavras não estão diante de nós para a nossa reflexão: elas estão lá para a nossa obediência, e não temos o direito de reivindicar o título de cristãos se não as obedecermos.

Quanto a mim, temo qualquer movimento de agitação religiosa entre os cristãos que não leve ao arrependimento e resulte em uma clara separação do remido em relação ao o mundo. Tenho suspeitas de qualquer esforço organizado por avivamento que seja forçado a rebaixar os difíceis termos do reino. Não importa o quão atraente o movimento possa parecer, se não for alicerçado na justiça e nutrido em humildade, não provém de Deus. Se explora a carne, é uma fraude religiosa e não deveria ter o apoio de nenhum cristão temente a Deus. Somente aquilo que é de Deus honra o Espírito Santo e prospera em detrimento do ego humano. "Aquele que se gloria, glorie-se no Senhor" (1Coríntios 1:31).

10

A vida cheia do Espírito

"Enchei-vos do Espírito."

EFÉSIOS 5:8

QUE CADA CRISTÃO PODE SER e deve ser cheio do Espírito Santo dificilmente deveria ser visto como objeto de debate entre cristãos. Alguns, no entanto, argumentarão que o Espírito Santo não é pra cristãos símplices, mas apenas para ministros e missionários. Outros defendem que a medida do Espírito, recebida na regeneração, é idêntica à recebida pelos discípulos em Pentecostes e que qualquer esperança de plenitude adicional após a conversão baseia--se em erro. Uns poucos expressarão uma débil esperança de que, algum dia, possam ser cheios do Espírito, enquanto outros evitarão comentar um tema sobre o qual possuem pouco conhecimento e que apenas lhes causará embaraço.

Quero aqui, ousadamente, afirmar que a minha auspiciosa crença é de que todo cristão pode experimentar um derramar abundante do Espírito, em uma medida muito além da recebida na conversão, e posso também dizer, muito além daquela desfrutada pelas fileiras de cristãos ortodoxos hoje. É importante deixarmos isso bem claro, pois até que as dúvidas sejam dissipadas, a fé é impossível.

Deus não irá surpreender um coração hesitante com uma efusão do Espírito Santo, nem irá preencher ninguém que possua reservas doutrinárias sobre a possibilidade de ser preenchido.

Para esclarecer as dúvidas e criar uma confiante expectativa, recomendo um reverente estudo da própria Palavra de Deus. Estou determinado a basear o meu ponto de vista no ensinamento do Novo Testamento. Se um cuidadoso e humilde exame das palavras de Cristo e de seus apóstolos não levar à crença de que podemos ser cheios do Espírito Santo atualmente, então, não vejo razão para pesquisar em qualquer outro lugar. Pois, pouco importa o que este ou aquele instrutor religioso tem dito a favor ou contra essa questão. Se a doutrina não for ensinada nas Escrituras, então, ela não pode ser defendida por nenhum argumento, e todas as exortações resultantes serão inválidas.

Não vou apresentar aqui uma afirmação do meu ponto de vista. Deixe que o inquiridor examine a evidência por si mesmo, e se ele decidir que não há fundamento no Novo Testamento para crer que ele possa ser cheio do Espírito, então, que feche este livro e seja poupado do incômodo de ler mais. O que digo, a partir daqui, é endereçado a homens e mulheres que já superaram as suas questões e confiam que, quando cumprirem as condições, podem, de fato, ser cheios do Espírito Santo.

Antes de um homem ser cheio do Espírito *ele deve ter certeza de que é isso o que ele quer*. E falemos francamente, muitos cristãos querem ser cheios, mas o que sentem é algo tão romântico e vago que dificilmente pode ser chamado de anseio. Eles praticamente desconhecem o que isso lhes custará.

A VIDA CHEIA DO ESPÍRITO 121

Imaginemos que estamos falando a um questionador, algum jovem e ansioso cristão, digamos, que nos procurou para aprender sobre a vida cheia do Espírito. Tão gentilmente quanto possível, considerando a natureza das questões que surgirem, sondaremos a sua alma, de algum modo, como segue: "Você tem certeza de que deseja ser cheio do Espírito que, embora seja como Jesus em sua bondade e em seu amor, reivindicará ser o Senhor de sua vida? Está disposto a deixar a sua personalidade ser dominada por outra, mesmo que essa outra seja o Espírito do próprio Deus? Se o Espírito assumir a sua vida, Ele esperará de você uma obediência inquestionável em tudo. Ele não tolerará em você os pecados do *ego*, mesmo que sejam permitidos e justificados pela maioria dos cristãos. Por pecados do *ego* quero dizer amor-próprio, autopiedade, egoísmo, autoconfiança, autojustificação, autoexaltação e autodefesa. Você encontrará o Espírito em franca oposição aos caminhos fáceis do mundo, bem como à multidão mista dentro dos recintos da religião. Ele terá ciúmes de você para o bem e assumirá a direção de sua vida. Ele se reservará ao direito de testar, disciplinar e castigar você para o bem da sua alma. O Espírito poderá privá-lo daqueles prazeres limítrofes, desfrutados por outros cristãos, mas que são para você uma fonte de maldade refinada. Por meio de tudo isso, Ele irá envolvê-lo em um amor tão vasto, tão poderoso, tão acolhedor, tão maravilhoso que as suas perdas parecerão como ganhos e suas débeis dores como prazeres. Não obstante, a carne irá protestar sob o seu jugo e clamará contra ele, como uma carga demasiado pesada de carregar. E lhe será permitido desfrutar do solene privilégio de sofrer para preencher 'o que resta das aflições de Cristo, na [...] carne, a favor do seu corpo, que é a igreja' (Colossenses 1:24). Agora, com as condições colocadas diante de você, ainda deseja ser cheio do Espírito?".

Se isso parecer severo demais, vamos lembrar que o caminho da cruz nunca é fácil. O brilho e o fascínio que acompanham os movimentos religiosos populares são tão falsos quanto o resplendor das asas do anjo das trevas quando, por um momento, ele se transforma em anjo de luz. A timidez espiritual que receia mostrar a cruz em seu verdadeiro caráter, não é, de forma alguma, desculpável. Ela somente pode resultar em desapontamento e tragédia, por fim.

Antes de podermos ser cheios do Espírito, *o desejo de ser cheio deve ser o foco supremo*. Deve ser a coisa maior na vida, tão aguda, tão intrusiva a ponto de ocupar tudo o mais. O grau de plenitude em qualquer vida é conforme a intensidade do verdadeiro desejo. Temos de Deus tanto quanto realmente desejamos. Um grande obstáculo à vida cheia do Espírito é a teologia de complacência tão amplamente aceita entre os cristãos evangélicos de hoje. Segundo essa visão, o desejo agudo é uma evidência de descrença e prova de ignorância bíblica. Uma refutação suficiente dessa posição é fornecida pela própria Palavra de Deus e pelo fato de que essa posição sempre falha em produzir santidade real entre aqueles que a defendem.

Então, duvido que alguém já tenha recebido essa inspiração divina, com a qual estamos aqui debruçados, sem primeiro *experimentar um período de profunda ansiedade e agitação interior*. O contentamento religioso é o eterno inimigo da vida espiritual. As biografias dos santos ensinam que o caminho para a excelência espiritual sempre tem sido marcado por muito sofrimento e dor interior. A expressão "o caminho da cruz", embora tenha assumido, em certos círculos, uma conotação sublime, até mesmo agradável, ainda significa ao cristão genuíno o que sempre significou, ou seja, o caminho da rejeição e da perda. Ninguém jamais apreciou uma cruz, assim como ninguém jamais regozijou-se com uma forca.

O cristão que está à procura de coisas melhores e que tem, para a sua consternação, se visto em um estado de completo desespero, não deve se sentir desencorajado. O desespero com o *eu*, quando acompanhado pela fé, é um bom amigo, pois ele destrói um dos mais poderosos inimigos do coração e prepara a alma para a ministração do Consolador. Um sentido de vazio absoluto, de desapontamento e escuridão pode (se estivermos alertas e conscientes do que está acontecendo) ser a sombra no vale de sombras que conduz aos campos frutíferos que estão adiante. Se interpretarmos mal e resistirmos à essa visitação de Deus, podemos perder totalmente os benefícios que um gentil Pai celestial tem em mente para nós. Se cooperarmos com Deus, Ele removerá o consolo natural que nos tem servido como mãe e ama e nos colocará onde não podemos receber nenhuma ajuda exceto do próprio Consolador. Ele removerá toda nossa altivez e mostrará como realmente somos pequenos. Quando Ele tiver concluído sua obra em nós, saberemos o que o Senhor quis dizer quando declarou: "Bem-aventurados os humildes de espírito" (Mateus 5:3).

Esteja certo, entretanto, que durante essas dolorosas disciplinas não seremos abandonados pelo nosso Senhor. Ele jamais nos deixará ou desistirá de nós nem se indignará conosco ou nos repreenderá. Deus não quebrará a sua aliança nem modificará aquilo que saiu de sua boca. Ele nos manterá como a menina de seus olhos e cuidará de nós como uma mãe zela por seus filhos. Seu amor não falhará, mesmo quando Ele nos conduz por essa experiência de autocrucificação tão real, tão terrível, que podemos expressá-la apenas clamando "Deus meu, Deus meu, por que me desamparaste?" (Salmos 22:1; Mateus 27:46; Marcos 15:34).

Agora, vamos manter a nossa teologia clara sobre tudo isso. Não há nesse doloroso processo nem o mais remoto pensamento de mérito humano. A "noite negra da alma" não conhece nem um único e tênue raio da traiçoeira luz da autojustificação. Não é pelo sofrimento que ganhamos a unção pela qual ansiamos, nem essa devastação de alma nos torna mais queridos por Deus ou nos concede um favor adicional aos seus olhos. O valor dessa experiência de despojamento reside em seu poder de nos desligar dos interesses efêmeros da vida e nos fazer regressar à eternidade. Ela serve para esvaziar os nossos vasos terrenos e nos preparar para o derramar do Espírito Santo.

O preenchimento do Espírito, então, requer que entreguemos todo o nosso ser, que passemos por uma morte interior, que livremos o nosso coração daquele lixo adâmico acumulado durante séculos, abrindo todos os aposentos para o Hóspede celestial.

O Espírito Santo é uma Pessoa viva e deve ser tratado como tal. Jamais devemos pensar nele como uma energia cega, nem como uma força impessoal. Ele ouve, vê e sente, assim como qualquer um de nós. Ele fala e nos ouve falar. Podemos agradá-lo, entristecê-lo ou silenciá-lo assim como com qualquer pessoa. Ele responderá ao nosso tímido esforço de conhecê-lo e nos encontrará além da metade do caminho.

A caminhada cheia do Espírito demanda, por exemplo, que vivamos na Palavra de Deus como o peixe vive no mar. Com isso não quero dizer para simplesmente estudarmos a Bíblia, nem que devemos fazer um "curso" sobre a doutrina bíblica. Quero dizer que devemos "meditar de dia e de noite" (Salmos 1:2) na sagrada Palavra, que devemos amá-la, nos alimentarmos dela e a digerirmos durante todas as horas do dia e da noite. Mesmo quando os afazeres da vida consomem a nossa atenção, podemos, por um reflexo mental abençoado, manter a Palavra da Verdade operando em nossa mente.

Então, se quisermos agradar ao Espírito que habita em nós, devemos nutrir a amizade com Cristo. A obra atual do Espírito é para honrá-lo, e tudo o que Ele faz tem isso como propósito supremo. E devemos fazer de nossos pensamentos um santuário limpo para a sua santa habitação. Ele habita em nossos pensamentos, e pensamentos impuros para Ele são como vestes imundas para um rei. Acima de tudo devemos ter uma fé jubilosa que se mantenha firme, não importa quão radicais sejam as flutuações de nossos estados emocionais.

A vida habitada pelo Espírito não é uma edição especial de cristianismo, a ser desfrutada por uns poucos e raros privilegiados, afortunados por serem feitos de um material mais refinado e sensível que os demais. Pelo contrário, é a condição normal de todos, homens e mulheres, redimidos em todo o mundo. É:

> [...] o mistério que estivera oculto dos séculos e das gerações; agora, todavia, se manifestou aos seus santos; aos quais Deus quis dar a conhecer qual seja a riqueza da

glória deste mistério entre os gentios, isto é, Cristo em vós, a esperança da glória (Colossenses 1:26,27).

Frederick William Faber, em um dos mais doces e reverentes hinos, dirigiu estas boas palavras ao Espírito Santo:

Oceano, vasto e fluente Oceano, Tu
De amor não criado;
Tremo quando dentro da minha alma.
Sinto Tuas águas movendo.

Tu és um mar sem limites;
Tremendo, imenso Tu és;
Um mar que pode contrair-se
Dentro do meu coração estreito.

Sua opinião é importante para nós.

Por gentileza, envie-nos seus comentários pelo e-mail:

editorial@hagnos.com.br